文化项目
文案写作训练

徐玉松 ◎ 主编

北京师范大学出版集团
安徽大学出版社

图书在版编目(CIP)数据

文化项目文案写作训练/徐玉松主编. —合肥:安徽大学出版社,2023.3
ISBN 978-7-5664-2461-7

Ⅰ.①文… Ⅱ.①徐… Ⅲ.①文化产业－项目管理－广告文案－写作 Ⅳ.①G114

中国版本图书馆 CIP 数据核字(2022)第 142030 号

文化项目文案写作训练

徐玉松　主编

出版发行:	北京师范大学出版集团 安 徽 大 学 出 版 社 (安徽省合肥市肥西路 3 号 邮编 230039) www.bnupg.com www.ahupress.com.cn
印　　刷:	安徽利民印务有限公司
经　　销:	全国新华书店
开　　本:	710 mm×1010 mm　1/16
印　　张:	9
字　　数:	141 千字
版　　次:	2023 年 3 月第 1 版
印　　次:	2023 年 3 月第 1 次印刷
定　　价:	32.00 元

ISBN 978-7-5664-2461-7

策划编辑:刘婷婷　杨　洁　王　黎	装帧设计:李　军　孟献辉
责任编辑:刘婷婷	美术编辑:李　军
责任校对:马晓波	责任印制:陈　如　孟献辉

版权所有　侵权必究

反盗版、侵权举报电话:0551－65106311
外埠邮购电话:0551－65107716
本书如有印装质量问题,请与印制管理部联系调换。
印制管理部电话:0551－65106311

编 委 会

主　编　徐玉松
副主编　李国宇　刘小旭　余登燕
编　委（排名不分先后）
　　　　　徐玉松　李国宇　刘小旭
　　　　　余登燕　陈　虎　洪　妹
　　　　　潘子鸣　雷　超　何道晴
　　　　　程祥鑫　刘春林　章　兴
　　　　　黄凤阁　吴紫薇　朱义勇

前　言

文化产业作为国民经济支柱性产业，经济总量巨大，市场发展迅猛。当前，全国有 200 多所高校开设文化产业管理专业，为文化产业市场培养了大量人才。

文化项目文案写作训练，是文化产业管理专业的课程之一，培养学生掌握文化项目文案写作基本规律，具备文化项目文案写作能力，为其从事相关工作奠定重要的文字基础。

本书从本科层次文化产业管理专业的岗位技能需求出发，分三部分进行编写。第一部分介绍文化项目高频常用文种，如广告文案、自媒体文案、软文、电影剧本和动漫文案等。第二部分从管理角度出发，选择文化产业项目调查报告、可行性研究报告、项目策划书等文种，介绍其写作规律及技巧。第三部分单设一章，介绍金句写作，以帮助读者掌握高质量文案的写作要领。

本书内容编写遵循由简单到复杂、由理论到实践的原则，每章分若干节，首先介绍文种特征、文种的含义及写作特点，其次重点剖析文种的写作技巧，再次进行案例分析，每章末附设思考题或练习题。本书在总结大量文化项目文案案例的基础上，紧密结合日新月异的文化产业发展实际，紧扣文化项目文案写作的类型、规律和技巧，内容充实，层次清晰，覆盖文种广泛，指导性、针对性、实操性强，适合用作高校教材，也可供文化产业、文化事业管理人员参阅。

本书由徐玉松担任主编，刘小旭、李国宇、余登燕担任副主编。各章编写人员如下：第一、二、三章由李国宇负责编写，第四、五、九章由刘小旭负责编写，第六、七、八章由余登燕负责编写。编写过程中，陈虎、洪妹、潘子鸣、雷超、何道晴、程祥鑫、刘春林、章兴、黄凤阁、吴紫薇、朱义勇等参与本书基础材料的收集、整理等工作。

本书材料，参考、借鉴了国内外诸多专家的著作和研究成果，包括线上相关案例、行业企业一线优秀管理人员的论述和经验总结,在此表示诚挚感谢和深深敬意。由于编者水平有限,本书难免存在疏漏之处,恳请读者批评指正。

编 者

2022 年 7 月于亳州

目录

第一章　广告文案写作 ... 1

- 第一节　广告文案 ... 3
- 第二节　广告文案的分类及特点 ... 8
- 第三节　广告文案写作技巧 ... 15

第二章　自媒体文案写作 ... 21

- 第一节　自媒体概述 ... 21
- 第二节　自媒体文案特点及写作要求 ... 25
- 第三节　自媒体文案写作技巧 ... 27

第三章　软文写作 ... 32

- 第一节　软文的概念和作用 ... 32
- 第二节　软文的分类和特点 ... 34
- 第三节　软文的写作技巧 ... 41

第四章　电影剧本写作 ... 46

- 第一节　电影剧本概述 ... 46
- 第二节　电影剧本分类及结构 ... 49
- 第三节　电影剧本写作技巧 ... 53

第五章　动漫文案写作 ·· 59

  第一节　动漫文案概述 ·· 60
  第二节　动漫文案类型 ·· 62
  第三节　动漫文案写作技巧 ··· 65

第六章　文化产业项目调查报告 ································ 69

  第一节　调查报告概述 ·· 69
  第二节　调查报告写作规范 ··· 73
  第三节　调查报告写作技巧 ··· 75

第七章　文化产业项目可行性研究报告 ····················· 82

  第一节　文化产业项目可行性研究报告概述 ···················· 82
  第二节　文化产业项目可行性研究报告基本框架 ·············· 85
  第三节　文化产业项目可行性研究报告写作技巧 ·············· 97

第八章　文化产业项目策划书 ··································· 103

  第一节　文化产业项目策划书概述 ······························ 103
  第二节　文化产业项目策划书基本要素和结构 ··············· 106
  第三节　文化产业项目策划书的编写技巧 ····················· 112

第九章　金句写作 ··· 118

  第一节　金句概述 ·· 118
  第二节　金句写作过程 ·· 119
  第三节　金句写作技巧 ·· 121

参考文献 ··· 129

后　　记 ··· 135

第一章　广告文案写作

广告作为人类信息交流的方式之一,在现代政治、经济和文化生活中发挥着越来越重要的作用。广告连接市场与消费者,优质广告既能践行和培育社会主义核心价值观、传递社会正能量,又能宣传企业的先进文化,提升中华民族优秀传统文化感召力与向心力。如今,我们正处在一个被广告包围的世界当中,尤其是以互联网为主要载体的广告,无时无刻不在影响着消费者的观念和行为,满足其对美好生活向往的个性化需求。

当下,学术界逐渐重视对广告的理论研究,广告定义越发明确,且更具有现代化意味。什么是广告?简言之,即广而告之,指面向大众告知信息的一种行为活动,它与商品交换活动共生。《周礼》记载,凡是交易,必须"告于士"[①],可见广告是广泛告知信息,进行商品交换的行为。《辞海》关于广告的定义是:"为某种特定需要,通过媒体向公众传递信息的一种宣传方式。一般指介绍商品、劳务和企业等信息的商业广告。通常是有偿的、有组织的和劝服性的。"[②]《中华人民共和国广告法》(2021年版)第二条规定,商业广告,指商品经营者或服务提供者通过一定媒介和形式直接或间接地介绍自己所推销的商品或服务的活动。[③] 国内外学者对于广告定义亦有不同界定。国外最具有代表性的,当属威廉·阿伦斯在《当代广告学》中对广告所作的定义:广告是可识别的出资人通过各种媒介进行的有关产品(商品、服务和观点)

---

① 陈培爱:《广告学概论(第三版)》,北京:高等教育出版社,2014年,第5页。"告于示"意为在古代交易时,以铭文的形式将相关信息记录在专门为刻铭而铸造的青铜器上。

② 《辞海(第七版)》网络版[OL]. https://www.cihai.com.cn/index。

③ 《中华人民共和国广告法(2021年最新修订)》,北京:中国法制出版社,2021年,第4页。

的、有偿的、有组织的、综合的、劝服的、非人员的信息传播活动[1]。丁俊杰认为,"广告是一种有偿的、经由大众传播媒介的、目的在于劝服的商业传播活动"[2]。由此可见,广告的定义具备几个核心要素:广告主、广告媒介、广告信息、广告消费者。本书采用陈培爱的观点,认为"现代广告是一种由广告主付出某种代价的,通过传播媒介将经过科学提炼和艺术加工的特定信息传达给目标受众,以达到改变或强化人们观念和行为目的的、公开的、非面对面的信息传播活动"[3]。

广告的历史源远流长,一般可分为古代广告、近代广告和现代广告三个阶段。古代广告最早的形式之一是口头广告,如《离骚》中"吕望之鼓刀兮,遭周文而得举"[4];古希腊人在贩卖牲畜时,吆喝出有节奏的广告。除了口头广告之外,还有实物广告、标记广告等,如店铺的幌子。近代广告的肇始,以15世纪中叶古登堡印刷术的使用为标志,广告形式的类型更加丰富,印刷广告日益盛行。经过文艺复兴和工业革命的洗礼,报刊成为这一时期广告最重要的媒介。在印刷术使用初期,世界广告中心在英国。现代广告发轫于美国,伴随着广告新技术的应用、广告专业代理公司的出现和广告理论的发展而诞生。美国因此成为现代广告的中心。现代广告发展至今,主要形式有报纸广告、杂志广告、广播广告和电视广告,在互联网出现之后,以互联网为传播媒介的广告丰富了现代广告的表现形式,广告由单一化、平面化和静态化走向多元化、立体化和动态化。互联网广告成为现代广告的主流,运用最为广泛。

在现代广告中,无论是传统媒体还是新兴媒体,几乎所有的广告都离不开语言文字。广告学者H·史载平斯曾明确提出"广告文案是广告的核

---

[1] [美]威廉·阿伦斯:《当代广告学》,丁俊杰等译,北京:人民邮电出版社,2005年,第6页。
[2] 丁俊杰、康瑾:《现代广告通论(第2版)》,北京:中国传媒大学出版社,2007年,第3~5页。
[3] 陈培爱:《广告学概论(第三版)》,北京:高等教育出版社,2014年,第6页。
[4] "吕望之鼓刀兮,遭周文而得举"出自《楚辞·离骚》,意为太公吕望做过屠夫,他因遇到周文王而被任用。"鼓刀"是指屠夫宰杀牲畜时摆弄刀子发出的声音,以吸引顾客的注意。

心"[1]。我们进行广告文案写作,必须对广告的本质特征、发展历程、写作规律有所了解,如此才能产生独特的创意,设计个性化的艺术语言,创造令人耳目一新的广告文案。

第一节 广告文案

一、广告文案定义

广告文案(advertising copy writing)一词源自英文,一般是指广告作品中所有的语言文字,同时也可以指广告公司中从事文稿写作人员的职称[2]。学界普遍认为,广告文案存在于广告作品中,是指广告作品中的全部语言符号,包括有声语言和文字,通常由标题、正文、附文、广告标语四个部分组成。在平面广告中,广告文案是指广告作品中的文字部分。在广播电视广告中,广告文案是指人物的有声语言和字幕。从广义上来说,一切出现在广告活动中促使广告目标完成的文字,都可以称为广告文案。这一概念包含了以下几层含义。

①广告文案是依附于广告作品而存在的,而不是指与广告运作有关的所有文字方案。广告策划书、调查报告、广播电视广告脚本不属于广告文案的范畴。

②广告文案不等同于广告正文。广告正文也叫"主体文案",是标题下面详细叙述产品或服务的文字。广告正文只是广告文案的一部分。

③在平面广告和广播电视广告中,广告文案的表现形式是不同的。报刊等平面广告的文案直接表现为文字;广播电视广告的文案则主要是人物的话

---

[1] 转引自高志宏、徐智明:《广告文案写作——成功广告文案的诞生(第二版)》,北京:中国物价出版社,2002年,第8页。

[2] 乐剑锋:《广告文案——文案人的自我修炼手册》,北京:中信出版社,2016年,第12～13页。

语和旁白,其次才是文字形式的字幕①。

二、广告文案写作

(一)广告文案撰稿人

广告文案写作被喻为"戴着镣铐跳舞",是对广告文案所有语言符号创造性组合的过程。不同于文学创作,也不同于新闻写作及其他应用写作,它有着强烈的目的性、创意性和变现性。广告文案写作,是撰稿人在广告策略的指导下,通过创造性思维的运作,凝练广告主题,对语言文字加以艺术呈现,其目的在于准确地描述广告主的商业需求和产品核心信息,将其传达给广告消费者。

广告文案写作不止于文字写作,更重要的是想法(idea)表达。业界经常说:"文案是交流出来的,而非憋出来的文字。"②文案撰稿人除了要具备基本的文字功底和广告艺术传达技巧之外,还要在深入体验生活、洞察社会发展趋势、把握受众心理需求的基础上,与相关人员进行广泛交流研讨,开展创造性思考,以实现想法(idea)表达。

在广告公司内部,广告文案撰稿人一般隶属于创意部门。创意部门的人员大致包括文案撰稿人(创意文案起草者,简称"CW")、美术设计师(美术指导,简称"AD")和广告客户执行(客户主任,简称"AE")。

文案撰稿人:撰稿人应是语言方面的专家,与美术指导共同构思文案创意的途径、方法和内容,并具体负责文案所有文字的起草工作。

美术设计师:美术指导应是色彩和图案等方面的专家,通常和文案撰稿人结成创意小组,共同构思文案创意的途径、方法和内容,与文案撰稿人一起负责广告作品的艺术设计,并具体负责创意的语言转化工作。

广告客户执行:又称为客户服务、客户主任,指广告公司中广告业务的具体负责人。广告客户执行对广告客户的性质、经营方针、政策、营销的商品、

---

① 初广志:《广告文案写作(第2版)》,北京:高等教育出版社,2011年,第1~2页。
② 小马宋:《那些让文案绝望的文案》,北京:北京联合出版公司,2015年,第28~35页。

顾客、竞争对手,以及项目特性、需求、预算等情况,都要有比较深入的了解和研究。广告客户执行制度("AE"制度)在美国和日本等国家的广告行业中较为常见,要求广告公司必须深入了解广告客户的情况①。日本的部分广告公司里还设置了广播电视广告策划人(CM Planner)的职位。广播电视广告策划人应是影像及音响等方面的专家,有时也写广告文案,但这种情况很少。

(二)广告文案写作流程

广告文案写作是一个系统化的过程。郑建鹏把广告文案的写作过程分为广告案头准备、广告文案构思、广告文案初稿自我检测、广告文案发布前的文本测试四个阶段②。但对于文案撰稿人来说,广告文案写作其实就是构思和创作的过程。这一过程的大部分时间用于收集资料和进行思考,其余时间则被用于讨论、拟制、修改、检测和测试文本。在广告文案写作过程中,文案撰稿人负责"说什么"与"怎么说",也就是负责广告的语言文字部分。当然,这其中包含了广告公司创意部门达成一致的创意策略。

通常,一个广告活动开始之前,要召开确定广告活动宗旨和方向的"定向说明会"。文案、美术指导和广告策划人员从这时起就开始介入广告文案的编撰工作。定向说明会的召集者一般是广告主,也可能是广告公司的市场营销或客户部门的工作人员。会上主要介绍产品或服务的特点、广告的目标对象、市场竞争环境、广告的规模、准备使用的媒体、需要提交的材料及展示提案的时间等,有时,还会介绍广告主以前做过的广告,以便保持其风格的一致性或者重新树立风格。会议结束以后,广告公司就要成立工作小组,把任务分派下去。其中,创意小组(creative team)必不可少。创意小组一般由3~4个人组成,最精干的创意小组一般由文案撰稿人和美术设计师两个人组成。创意小组首先要确定广告文案"说什么",然后进行创意构思。最初的想法(idea)可能产生于文案撰稿人,也可能源自美术设计师。大家共同促使创意成型,并由文案撰稿人写出广告词或写出创意脚本(广播电视广告),美术设

---

① 朱海松:《移动互联网时代国际4A广告公司基本操作流程》,北京:人民邮电出版社,2015年,第43~50页。
② 郑建鹏、张小平:《广告创意与文案》,北京:中国传媒大学出版社,2011年,第9~15页。

计师设计出样稿(平面广告)。样稿和创意脚本经过展示,获得客户的认可后,方可进行实际制作或拍摄。

由此可见,文案撰稿人并不是消极等待创意成型,再增添几句广告词就可以完成工作的,而是要参与创意由产生到实现的全过程。在这个过程中,文案撰稿人经常就广告设计、排版、图像处理等方面提出一些建议;同样,美术指导也经常会想出一些富有吸引力的语言用于其中。一个优秀的文案撰稿人,应该既能提供好的想法(idea),又能用准确生动的文字将其体现出来,还会指导设计人员配上适当的插图、音视频,以提高广告的吸引力和说服力。

(三)广告文案撰写者的能力素质

1. 语言表达能力

对广告文案撰稿人而言,语言表达能力至关重要,这决定了他能否成功地传递出准确、有价值的信息。这种能力不局限于表现在广告文案的文本撰写中,还表现为他能够提出好的建议,以及清楚且具有说服力地表达出自己的想法(idea)。作为广告文案撰稿人,如果想让自己的观点被创意团队和广告消费者所理解、接受和认同,拥有出众的语言表达能力是前提和基础。

2. 市场调研能力

广告文案撰稿人在具备良好语言驾驭能力的同时,还要掌握关于商品或服务的尽可能全面的市场信息,通过调查、走访,收集资料,进行梳理、分析和研究,准确了解消费者的群体特征、接受广告的既定渠道、审美习惯、语言习惯、风俗习惯和精神心理等。通过市场调查研究得出的结论,不仅能使广告文案撰稿人迅速形成有效、正确的判断,还能让其在兼顾客户利益和消费者利益的同时,准确、简练地解释广告文案的制作依据。

3. 消费引导能力

广告行业虽然是一个创意产业,但在这个行业中工作的撰稿人却不能忽略这样一个事实——我们是为了某个特定目的而将文字组合在一起。无论广告的目的是什么,我们都需要去实现某一个特定的目标,也就是说我们必须围绕特定的目标不断调整我们的创意和文案。从广告目的的维度进行区分,广告大致可分为商业广告和非商业广告。非商业广告的直接目的不是金钱,而可能是公众健康、生态环保及价值取向等。在公益事业方面,有提醒公众关注健康的广告,如街头常见的吸烟有害、光盘行动、讲文明树新风之类的广告等。商业广告文案写作的目的通常是树立商品的形象,提升其知晓度、满意度和美誉度。特别是针对潜在消费者,广告文案还要具备让潜在消费者成为消费行动者的能力,增加、刺激潜在消费者的购买欲望,从而实现文案的变现能力。

4. 创意思维能力

创意是广告的灵魂。广告文案的创意思维是指一种创造新意象、新意念、新意境的思维形式。[①] 广告文案写作要求撰稿人具备常规的写作技巧,但是要想写出让消费者印象深刻的句子,撰稿人还必须具备创造性思维,这决定了广告文案的原创性、新颖度和颠覆力。创意思维是创意思考的过程、形式和结晶,并非是天才所独有或少数人的灵感乍现。创意思维是后天可习得的方法、习惯和能力。广告文案撰写者要通过不断地学习和积累,掌握创意思维的方法。詹姆斯·韦伯·扬指出,创意思维产生的过程可以遵循一套可以被学习的操控技巧,他提出了获得创意的"五阶段法"[②]。爱德华·德·博诺的"水平思考法"[③],也可以帮助我们跳出事物本身的框架,拓宽视野,提升站位,获得新的创意。

5. 知识储备能力

广告是一门融合多学科知识的学科。广告文案撰稿人除需学习广告学专业知识之外、还必须学习市场营销学、消费者心理学、公共关系学、社会学、传播学、设计学、美学和写作学等方面的知识,同时还要增加生活的阅历。总

---

① 丁柏铨:《广告文案写作教程》,上海:复旦大学出版社,2002年,第151页。
② "五阶段法"是指创意生成的五个阶段,分别是收集资料,咀嚼资料,消化资料(旧元素新组合),创意诞生、完善并实施。详见[美]詹姆斯·韦伯·扬:《创意的生成》,祝士伟译,北京:中国人民大学出版社,2014年,第13页。
③ 水平思考法:与垂直思考法相反,是以非逻辑、非常规的思维为主要特征的思维模式。详见[英]爱德华·德·波诺:《严肃的创造力——运用水平思考法获得创意》,杨新兰译,北京:新华出版社,2003年,第54~60页。

而言之，优秀文案人的基本素养就是持续学习、广泛涉猎、丰富实践和深入思考。对知识的渴望、对市场的好奇心及对广告文案写作的热爱，这些是优秀文案撰稿人的"高级资格证书"。

成功的广告文案作品，能够反映出撰稿人的素养、专业知识水平和对信息进行加工的卓越能力。要想成为一名"点字成金"的优秀文案撰稿人，没有捷径可走，唯有多看、多学、多思考、多实践。

第二节 广告文案的分类及特点

广告文案按照不同的标准，可以划分为不同的类型。学界一般按照广告目的，将广告文案分为商业广告文案和非商业广告文案；根据信息因素的不同，将广告文案分为企业广告文案、产品广告文案、服务广告文案、公益事务广告文案；按照诉求方式的不同，将广告文案分为感性诉求广告文案、理性诉求广告文案及情理结合诉求广告文案；按照广告文案自身结构划分，可分为单个广告文案、系列广告文案。按照发布媒介类型对广告文案进行划分，以互联网的出现为时间界限，本书将广告文案总体分为大众传媒类广告文案和互联网广告文案。大众传媒类广告文案包括印刷媒体广告文案、广播和电视广告文案、户外广告文案等；互联网广告文案包括网络（PC端）广告文案、移动广告文案等。本节主要介绍大众传媒类广告文案和互联网广告文案。

一、大众传媒类广告文案

大众媒介主要以印刷媒介和广电媒介为主，具体代表媒介有报纸、杂志、广播和电视。在传统大众媒介中，报纸无疑是数量最多、普及程度最广、影响力最为深远的媒介。

(一)报纸媒体广告文案及特点

1. 报纸媒体

报纸是历史最悠久的大众媒介,在政治宣传、信息传播方面具有历史统治地位。随着时代的发展,报纸的品种越来越多,内容越来越丰富,版式更加灵活,印刷更加精美。

报纸属于空间传播、供阅读的媒介,其特点主要包括成本低廉、制作周期短、方便携带;信息量大、密度高;覆盖面广,遍布社会各个阶层;便于阅读,便于保存;可信度高、具有权威性等特点。①

报纸广告的版面分为整版、半版、通栏、报眼、报花等部分。从表现形式看,报纸广告又可以分为文字形式、插图形式、摄影形式等。其中文字形式是最基本的,采用最多的,也是最强有力的表现形式。②

2. 报纸媒体广告文案结构

报纸广告文案的结构可分为标准型和特殊性两种结构,标准型报纸广告文案由标题、正文、附文和广告口号几个要素构成。缺少广告标题、没有正文或者没有广告口号的文案,一般比较少。③

(1)标题:一般放在广告的最上方,是整个广告最重要的部分。一般来说,任何一则广告,字体最大,并处于最醒目位置的总是"标题"。

(2)正文:是报纸广告文案的中心部分,涵盖了产品或服务所具有的主要利益点和支持理由等信息,主要承担着对消费者可能产生的疑问进行解释和说明的任务。

(3)附文:是广告正文没有说完且需要补充的文字。附文一般提供广告主或经销商进行促销活动的信息,以方便消费者咨询。内容包括品牌名称、店址、电话、传真、网址等。

(4)口号:也叫标语,是企业为了强调品牌形象而提出的简明通俗并能在

---

① 丁柏铨:《广告文案写作教程》,上海:复旦大学出版社,2002年,第284～287页。
② 刘西平、黄小琴:《广告文案写作》,广州:暨南大学出版社,2007年,第144页。
③ 初广志:《广告文案写作(第2版)》,北京:高等教育出版社,2011年,第89～92页。

较长时期内反复使用的宣传用语。

3. 报纸媒体广告文案特点

（1）结构完整。大卫·奥格威曾经指出,"标题是大多数平面广告最重要的部分,它是决定读者读不读正文的关键所在。"① 高度浓缩型的标题,可以引起消费者的注意,并激发购买产品的浓厚兴趣。比如长城干红葡萄酒的经典平面广告标题:"三毫米的旅程,一颗好葡萄要走十年。"

（2）内容丰富。报纸保存时间长、版面容量大,广告文案可全部刊登在报纸上,因此报纸广告可以使用长文案。

（3）图文并茂。报纸广告较少以独立的形态存在,一般与静态图形配合使用,以达到相互补充、相得益彰的效果。②

（二）广播媒体广告文案及特点

1. 广播媒体

广播媒介是以电波传递音讯的一种大众传播工具,传递信息具有速度快、时效性强、声情并茂、受众范围广等优势。

2. 广播媒体广告文案结构

广播媒体广告是以广播媒介为载体,以语言和音响为诉求符号,诉诸听觉系统的广告形式,由语言、音乐和音响（音效）三个要素构成。其中,语言是核心,音乐的作用是渲染广告的气氛,音响则是塑造广告形象和体现广告主题的辅助手段。

广播媒体广告文案依然由标题、正文、附文和口号四部分组成,其结构可分为单一式结构和复合式结构。单一式结构是指没有音乐和音响的广播广告文案,以口播或对话的方式播出;复合式结构是通过演播或各要素分别录播的方法制作而成的,是一种合成式的结构。复合式结构的广播媒体广告文案一般包括三种形式:语言音响结构、语言音乐结构和三要素结构。③

---

① 转引自李景东:《现代广告学》,广州:中山大学出版社,2015年,第157页。
② 张微:《广告文案写作（第3版）》,武汉:武汉大学出版社,2017年,第137页。
③ 丁柏铨:《广告文案写作教程》,上海:复旦大学出版社,2002年,第325～330页。

广播媒体广告文案一般不长,多数是短文案。

(1)广播广告的时长规格:一般是 30 秒、15 秒和 5 秒。时长决定了文案的长度。

(2)播放时的语速和语气:文案播出的语速不能过快,要保持合理的节奏。

(3)音乐与音响:使用音乐元素,以避免广告的单调乏味,又能起到渲染气氛、突出主要信息的作用。①

3. 广播媒体广告文案特点

(1)通俗易懂。文案语言要生活化、口语化,要突出重点。

(2)简洁生动。广播广告的时间比较短,文案尽量简洁,多用短句和动词。

(3)营造情景。广播广告需要借助于音乐和音响,营造生活情境,以吸引消费者的注意力。

(4)一鸣惊人。广播广告稍纵即逝,如果开头吸引不了消费者,正文是无法吸引消费者的。

(三)电视媒体广告文案及特点

1. 电视媒体

随着电视的出现,电视广告也应运而生。它是运用电视技术表现广告内容的一种形式,是利用影视、文学、艺术、动画、书法、绘画等在内的多种艺术手段,集画面、声音、字幕于一体,对观众的视觉和听觉同时产生影响的广告形式。② 具有很强的现场感、感染力和视觉冲击力等优势。

2. 电视媒体广告文案结构

电视媒体广告文案是广告文案在电视广告中的文字表现形式,是电视广告在拍摄、制作之前创作的文字脚本,包括广告语言、镜头说明、音乐音响要

---

① 郭有献:《广告文案写作教程(第 3 版)》,北京:中国人民大学出版社,2015 年,第 185 页。
② 郭有献:《广告文案写作教程(第 3 版)》北京:中国人民大学出版社,2015 年,第 199 页。

求等内容。

电视广告文案在写作过程中除了运用一般的语言文字符号外,还必须掌握影视语言,运用电影"蒙太奇"的思维,按照镜头顺序进行构思。电视广告文案的写作类似于电影文学剧本的写作,因而其又被称为"电视广告脚本"。①

电视广告文案(电视广告脚本)有两种类型,一是文学脚本,二是分镜头脚本。文学脚本是分镜头脚本的基础,分镜头脚本是文学脚本的分切与再创作。前者由文案作者撰写,后者由文案作者或导演完成。② 电视广告文案一般以分镜头脚本的形式出现,其结构包括广告标题、长度、内容、镜头、解说词、音乐音响等。

(1)标题:一般起到提示或标签的作用,如中国银行广告《麦田篇》。

(2)长度:和广播广告的规格一样,电视广告的长度一般分为60秒、45秒、15秒和5秒。5秒的广告作品一般以广告口号的形式呈现;10~15秒的广告一般以人物独白或对白的形式体现;45秒及以上的广告,一般具备完整的故事情节,文案也相对完整,但制作费用较高。

(3)内容:主要包括画面、镜头、字幕、对白、独白、解说、音乐和音响等。

(4)镜头:一般包括推、拉、摇、移、升、降等;景别包括远景、中远景、中景、近景、特写等。

(5)解说词:是对画面的补充和解释,可以是人物对话、内心独白、旁白,也可以是字幕。

3. 电视媒体广告文案特点

(1)形式多样。电视广告文案不要求要素俱全,不一定有标题,也不一定有正文,有的文案只有一句广告口号。

(2)声画同步。声画同步是指声音和画面保持基本一致,进行有机配合,以声音配合画面,补充画面,以达到增强画面表现力的效果。

(3)故事化。电视广告文案撰稿人善于运用"蒙太奇"手法进行创作,利

---

① 刘西平、黄小琴:《广告文案写作》,广州:暨南大学出版社,2007年,第172页。
② 刘西平、黄小琴:《广告文案写作》,广州:暨南大学出版社,2007年,第172页。

用镜头与镜头的衔接组合、画面与声音的同步来叙述故事，以打动观众，达到展示商品个性特征或树立企业形象的目标。

二、互联网广告文案

(一)网络媒体及特点

网络媒体是伴随着互联网的出现而产生的传播信息的平台，如腾讯、网易、搜狐和新浪四大门户网站。网络媒体具有以下特点。

1. 覆盖范围广

虚拟的互联网突破了个人所能接触的有限空间，将世界各地的人们前所未有地连接在一起。人们在更广阔的世界范围内找到自己的同类，并根据兴趣喜好、生活态度等组建社群。

2. 信息内容多

铺天盖地的信息向大众涌来，好处是你想找的信息可能都存在，坏处是你得花大量时间才能筛选出匹配的信息源，辨别信息真伪的难度增大。

3. 双向交互快

网络消除了信息的"不对称"现象，"我推送、你阅读"的单向式传递模式转变成与受众平等、双向互动的传递模式。

4. 视听效果强

文字、图片、视频、音频的全面运用，大大增强了受众接受资讯的综合效果，提高了受众的兴趣及参与度。

5. 时间效率高

网络内容供给商都有卖掉商品的强烈动机。在流量为王的时代，要想吸引浏览者的注意力，网络广告必须具有强烈的时效性，及时关注社会热点、焦点，以此获得受众的关注，增加点击量。

网络媒体孕育了形式多样的网络广告，有网页广告、横幅广告（banner AD）、弹窗广告、搜索引擎优化广告、电子邮件广告和游戏广告等。网络广告在品牌宣传、促进销售、信息发布等方面的效率远远大于传统媒体，因此网络广告文案逐渐成为主流。

(二)互网络广告文案的特点

1. 互动性

互联网传播打破传统的大众媒体单向传播的桎梏,为受众和媒体之间双向交流提供了条件。受众是信息接受者,也是信息发布者。因此网络广告文案写作具有互动性,这也是其本质特征。在娱乐性、综合型网站上发布广告,以引起消费者的兴趣,吸引他们参与,与广告消费者开展互动,增加了广告的趣味性和娱乐性。广告主可以随时获取用户的反馈信息,建立完整的客户资料档案。

2. 简洁化

传统广告文案包括标题、正文、附文、标语四个部分。在网络广告中,由于网络信息海量化,受众的注意力很容易被分散,网络广告文案一般把标题、正文和标语融为一体,语言更加简洁明快,具有短平快的特点。因此,其结构不再完整,多以广告标题的形式来吸引受众,如按钮广告、横幅广告(banner AD),大多数是一句广告语或者广告标题。

3. 针对性

互联网具有内容多元丰富、传播速度快等特点,其受众被划分为若干群体,不同群体的兴趣和关注点也不同。网络站群有组织地或自发地根据受众进行细分,形成特色网站,如体育网、女性网、娱乐网、军事网和母婴网等网站。因此,网络广告文案也要具有针对性,可根据不同网站的群体特点进行创作,使广告精准到达目标人群,提高广告的到达率。

第三节　广告文案写作技巧

一、遵循广告文案写作原则

1. 真实性

真实、准确、明晰,不得造假、夸大、含糊是广告文案写作的根本原则和基本规范。《中华人民共和国广告法》(2021年版)第三、第四条规定,"广告应当真实、合法,以健康的表现形式表达广告内容,符合社会主义精神文明建设和弘扬中华优秀传统文化的要求。广告不得含有虚假或者引人误解的内容,不得欺骗、误导消费者。广告主应当对广告内容的真实性负责。"[①]为此,广告文案写作必须实事求是地反映商品的特性、功能、价值及相关服务,不能言过其实、表里不一;且语言要准确、贴切,不能含混不清、模棱两可。

2. 实用效

大卫·奥格威指出,做广告是为了销售,否则就不是做广告。广告文案必须为销售服务,是指广告文案要为一定的广告目的服务,做到实用有效,而不能华而不实,片面追求文案的华丽。要做到实效,文案撰稿人要进行换位思考,站在消费者立场上,找准消费者的利益关切和心理诉求,与消费者达成共情,以增强广告文案的感染力、亲和力,以发挥广告文案的变现能力,让广告文案受众尽可能成为商品或服务的消费者。

---

① 《中华人民共和国广告法(2021年最新修订)》,北京:中国法制出版社,2021年,第4页。

3. 原创性

原创性是威廉·伯恩巴克 ROI 理论[①]的主要观点之一，指广告文案的内容、形式方面都要有创新。在内容上，文案要充分体现产品的独特性；在形式上，要新颖别致、富有创造性，能够在短时间内快速吸引受众。原创性并非一蹴而就，需要文案撰稿人在具备丰富的知识和充分的市场调研基础上，运用丰富的想象力、独特的构思、新颖的表达，摆脱既有广告文案的束缚，创造出独一无二的作品。

4. 震撼性

震撼性原则强调文案的冲击力，它能在极短的时间内使受众产生极强的共鸣。广告文案撰稿人要充分地了解受众心理，通过广告文案语言内容及其呈现方式（如字体的大小、色彩，声音的高低，词汇出现的频次等），由此所产生的广告的密度、力度和强度，能强烈地刺激受众，从而在受众心中留下深刻印象。

5. 系统性

广告文案不是孤立的文字表达，它是广告作品的一个有机组成部分，必须置于一定的社会文化背景之下。广告文案撰稿人要善于运用系统性思维，能从整体上把握文案与文化、文案与设计、文案与媒介的关系，做到和谐统一。具体来说，文案要与文化环境相适应，能尊重多元文化，尊重各地受众习俗等；要根据不同媒介的特点，有针对性地设置广告文案语言、视觉传达等元素；要与广告作品的美术、声音、画面等其他元素协调配合，达到相得益彰的效果。

[①] ROI 理念是 20 世纪 60 年代威廉·伯恩巴克提出的广告创意理论，指一个优秀的广告应该具备三项特质：关联性（relevance）、原创性（originality）和震撼力（impact）。关联性是指广告创意的主题与商品的信息相关、与目标对象的生活形象相关，与公众的行为相关。原创性是指要求广告创意具有与众不同的特色、刻意求异，否则广告缺乏吸引力。震撼力是指广告作品能形成强大的冲击力，能够深深地打动受众。引自何修猛：《现代广告学（第 8 版）》，上海：复旦大学出版社，2016 年，第 27～28 页。

二、掌握广告文案写作要求

"KISS"法则源于大卫·马梅的电影理论,是"Keep it Simple and Sweet"的缩写,意为"令其甜美而简洁"。① 这一理论被广泛应用于其他领域,如策划管理、产品设计等领域及文案领域。② 具体而言,它就是指广告文案在写作中应该符合以下三个要求。

1. 简明扼要

简明扼要=简单明了+重点突出。"简明扼要"是 KISS 公式重要的一环。要想做到简明扼要,首先要注重文案写作用语的简单明了,尽量避免使用过于隐晦生涩的语句;其次要善于抓住重点,对于一份广告文案而言,应只说一件事,突出重点,减少干扰因素。

2. 通俗易懂

"通俗易懂"不同于"简明扼要"中的"简单明了",后者针对广告文案写作者而言,而前者针对的是广告文案的目标受众。要做到通俗易懂,首先要尽量采用大众化的词汇、口语化的句子,对于文化水平较高的目标受众,可适当文雅一些,但也要避免曲高和寡;其次广告文案所要表达的含义应迎合目标受众,避免过于深奥。

3. 打动人心

打动人心=情感营造+情感体验。"打动人心"是 KISS 公式的核心。要做到打动人心,文案需营造独特的情感氛围,以充分调动受众的情感体验,使广告达到最佳效果。

---

① 转引自李霞、王蕾:《广告策划案例教程》,北京:高等教育出版社,2008年,第114页
② 苏芯:《文案基本功——9大爆款文案创作技巧》,北京:电子工业出版社,2019年,第54页。

三、熟悉广告文案的语言技巧

(一)立意的明确性

所谓立意其实就是指广告文案作品向公众传达的核心信息,包括产品的功能或服务、企业的形象或文化价值观等。在撰写广告文案之前,需明确广告文案的立意,确定是以产品的功效还是以企业的文化理念等为主要写作方向。

(二)标题的巧妙性

标题是一份广告文案的门面,要想取得预期的宣传效果,就一定要重视受众阅读广告文案时的心理,满足受众耐心、好奇心、获利心和求知心。受众在标题的吸引下,产生浓厚的兴趣,从而愿意进一步了解商品更多的信息。

(三)修辞的丰富性

掌握多样的修辞手法,对于提高广告文案写作水平是非常必要的。要善于使用比喻、对偶、对比、排比、感叹、双关、顶真、谐音及复沓等修辞手法,创造出耳目一新的广告作品。

第一章 广告文案写作

广告文案案例分析

中国平安保险(集团)股份有限公司(以下简称"中国平安")在2020年推出《我们的答案》这一视频广告,其文案如下。

有一个问题,已回响千年/那是历代先贤的忧思,心系苍生的追问。

谷贱伤农/什么时候,辛劳的农民有收获保障?

蜀道之难,难于上青天/什么时候,这闭塞的大山才能连通八方,告别苦寒?

安得广厦千万间,大庇天下寒士俱欢颜/什么时候,百姓能皆有安居,风雨不动安如山?

长太息以掩涕兮,哀民生之多艰/什么时候,百姓的生活可以不再艰难?

这千年一问/今天,终于有了我们的答案。

你看!乌兰察布的燕麦,挺起了腰杆/中宁的枸杞滋养了家园。

你听!天梯连上了互联网/激流险滩,建起了水电站。

在今天的中国/住有所居/学有所教/病有所医/劳有所得。

在告别了贫困的中国/沃土,回答了贫瘠/通达,回答了闭塞/丰收,回答了荒歉。

千年一问/我们和十四亿中国人一起作答——

家国平安的中国/就是我们的答案。

中国平安的此则文案借助于脱贫攻坚战收官的重要时机,充分运用排比、对偶、拟人、通感等修辞手法,采取问答式的文本结构,巧妙植入"平安元素",有效地传递了企业通过产业扶贫、水电扶贫、教育扶贫、健康扶贫、科技扶贫,为中国脱贫事业贡献力量的信息,实现了一次在大时代下与民族共生共荣的情感连接,成功塑造了企业勇于承担社会责任和时代使命的正面形象。

思考练习题

1. 怎样利用广告文案表达企业诉求?

2. 撰写广告标题有何要求?

4. 选择一款产品,为其撰写多则广告文案,包括电视广告、广播广告和微信公众号文案。

第二章　自媒体文案写作

随着 web 2.0 的兴起与发展,以广播、报纸为主要代表的传统媒介迅速受到新媒体的冲击。在新媒体的浪潮下,自媒体作为一种新型的传播媒介迅速出现在大众眼前。自媒体的用户群体非常庞大。中国互联网络信息中心(CNNIC)第 48 次《中国互联网络发展状况统计报告》[①]显示,截至 2021 年 6 月,我国网民数量达到 10.11 亿,手机使用规模达到 10.07 亿人。自媒体市场潜力巨大,自媒体文案写作也随之成为新兴职业。自媒体文案增强了生产者与消费者之间的互动,能有效地满足消费者的个性化需求,达到更好的营销效果。本章主要介绍以微信公众号为代表的自媒体,探讨其文案的分类、特点及写作技巧等内容。

第一节　自媒体概述

一、自媒体的定义

自媒体(We Media),最早由美国的谢因波曼与克里斯威理斯两位学者于 2003 年 7 月提出,是"普通大众经由数字科技与全球知识体系相连之后,一种提供与分享他们本身的事实和新闻的途径",又称为"个人媒体",是私人

---

① 　中国互联网络信息中心(CNNIC):第 48 次《中国互联网络发展状况统计报告》(cac. gov. cn)。

化、平民化、普泛化、自主化的传播者,以现代化、电子化的手段,向不特定的大多数或者特定的单个人传递规范性及非规范性信息的新媒体的总称。

自媒体概念有广义、狭义之分。狭义自媒体是指以单个的个体作为信息制造主体而进行的内容创作,且拥有独立用户号的媒体。广义自媒体是指"在自媒体平台上一切知识和信息的流动和传播行为。其既包括单一图书产品的出版活动,也包括长期的、持续的、以提供阅读服务为核心的知识、信息发布活动"。①

二、自媒体特点

与大众传播媒体相比,自媒体在传播主体、传播内容、传播渠道、传播效果、传播受众等方面都有自己的特点。

1. 传播主体平民化、个性化

自媒体的传播主体是普通的个人或团体。美国著名硅谷IT专栏作家丹·吉尔默给自己的专著《自媒体》起的副标题是"草根新闻,源于大众,为了大众(《We the Media: Grassroots Journalism by the People, for the People》)"。这便道出了自媒体最根本的特点——平民化。从"旁观者"转变成"当事人",每个平民都可以拥有一份自己的"网络报纸"(博客)、"网络广播"或"网络电视"(播客)。人们自主地在自己的"媒体"上"想写就写""想说就说",每个"草根"都可以利用互联网来表达自己想要表达的观点,传递他们生活的阴晴圆缺,构建自己的社交网络。

2. 传播内容多元化、海量化

对电视、报纸等这样的传统媒体而言,其宣传内容主要是国家政策和方针,抑或是社会重要议题。由于自媒体传播主体多元化、准入门槛低的特点,用户在微博、微信等自媒体平台上,只需要通过简单的注册申请,就可以在网络上发布文字、音乐、图片、视频等信息,创建属于自己的"媒体",这直接导致了自媒体内容多元化,信息量巨大。

---

① 谢俊:《自媒体出版及其发展研究》,载《出版发行研究》,2016年第7期,第28~31页。

3. 传播过程互动化、即时化

得益于数字科技的发展,信息传播突破了时间和空间的限制,时效大大增强,在任何时间、地点,我们都可以经营自己的"媒体",作品从制作到发表迅速、高效。自媒体能够迅速地将信息传播到受众中,受众也可以迅速地对信息传播的效果进行反馈。自媒体与受众之间的物理距离大大缩短。

三、自媒体分类

(一)根据传播主体划分

自媒体可以分为个人化自媒体和专业化自媒体两类[①]。

个人化自媒体以普通大众为传播主体,内容通过微博、微信朋友圈等网络平台进行传播,主观性比较强,通常由用户根据自己的所见、所闻、所想进行编辑和分享。

专业化自媒体是指由专业化的个人或者团队来组织和运营的自媒体。这类自媒体组织化程度较高,发布的内容也较为专业,其功利性色彩也更为浓厚,或以营利为目的,或以媒介公关为目的,或以广告宣传为目的等。专业化自媒体还可以具体细分为精英自媒体、媒介自媒体、企业自媒体三类。

(二)根据传播内容划分

自媒体可以垂直细分为多个类型,具有代表性的有时政分析类、文化娱乐类、生活情感类、教育成长类等。

时政分析类自媒体是通过对国内外的政治时事进行解读和评论,传达某种政治观点的一种新型自媒体[②]。

文化娱乐类自媒体是以电影电视节目解读、娱乐圈资讯、明星事件为主要内容方向,给大众带来狂欢的新型媒体。

---

① 曹锐:《自媒体的分类及特征初探》,载《视听新媒体聚焦》,2017年第10期,第114~115页。

② 张消夏:《时政类微信公众号"热文"的内容特征研究》,贵州民族大学博士论文,2018年。

生活情感类自媒体是指以自媒体为传播媒介,以生活、情感话题为核心内容,在实现自身情感表达的基础上,为用户解答情感疑惑并进行情感引导的情感类媒体[①]。

教育成长类自媒体是特定群体关注的小众信息传播平台。它将知识内容和教育信息融合文字、图片、视频等多种传播形式进行传播,在内容方面具有一定的专业性,用户信任度远超其他类型的自媒体[②]。

(三)根据自媒体用途划分

自媒体可分为新闻类自媒体、营销类自媒体、文学类自媒体。

新闻类自媒体是新闻机构、新闻从业人员借助于自媒体平台,为公众提供信息服务的一种媒体。其写作风格多表现为客观、具体、全面地对新闻事件进行报道。

营销类自媒体是指将自媒体作为营销手段或营销平台,其内容的最终目的为商品营销,引导消费者产生购买行为。

文学类自媒体是指由作家、网络写手等群体借助于自媒体平台进行文学创作和表达的一种媒体,也被称为"自媒体文学"。读者在阅读过程中也扮演着受众、用户、粉丝等多重角色。自媒体文学的产生是后现代大众文化的重要表征。

[①] 荀亚茹:《情感类自媒体内容生产研究》,黑龙江大学博士论文,2018年。
[②] 梁红梅、朱伯玉:《教育类微信公众号的发展与改进》,载《青年记者》,2019年第20期,第60~61页。

第二节 自媒体文案特点及写作要求

一、自媒体文案

自媒体文案是自媒体的派生物。自媒体文案是指由个体或公司组织在自媒体平台上发布的,蕴含某种价值导向作用、传递某种观念的变现性文字。这种文字通常与广告创意或者价值观念相结合,具有经济效益或者社会效益。

二、自媒体文案特点

自媒体文案具有创新性、互动性、包容性、综合性等特点[①]。

(一)创新性

自媒体文案需要大胆创新,不能拘泥于传统媒体的严肃。papi酱、同道大叔、咪蒙为什么能火起来,内容创新是主要原因之一。很多媒体都会照搬传统媒体形式去创作,papi酱却用视频来进行文字吐槽,配上其特有的表情,走创新之路。但创新也存在误区,咪蒙旗下公众号发布文章,因编造故事、精神传销、刻意煽动泪点引发负面舆论风波,2019年2月21日,咪蒙微博被永久关停。创新虽然是自媒体的灵魂所在,但必须遵循正确的导向,刻意为流量而制造的创新并不可取。

(二)互动性

在"泛众传播"中,任何人的创作活动都是一场现场直播。互联网强大的

---

① 曹锐:《自媒体的分类及特征初探》,载《视听新媒体聚焦》,2017年第10期,第114～115页。

交互性功能使自媒体用户得以介入他人的创作过程,以往单向输出式的创作在自媒体时代被"众声喧哗"的互动式创作所取代。

(三)包容性

自媒体文案的内容包罗万象,在主流媒体之外还有无限丰富但难以输出的信息,它们在自媒体平台中找到了栖身之所,进入了受众的视野。自媒体中充斥着个人日常、甚至怪诞的内容,那些长期被未能被主流媒体所关注的个体世俗生活纷纷挤入自媒体平台,成为创作的来源与素材。

(四)综合性

自媒体文案可以综合使用多种表现手段,文字、图表、图片、音频、视频等可以有机地融合在一则文案当中。且在读图时代、短视频时代,文案的文字占比呈下降趋势,文案表达频繁借助于更为形象、直观的图片、视频,以获得更好的营销效果。

三、自媒体文案写作要求

自媒体文案写作必须结合自媒体平台的传播特点,以用户的需求为导向,采取故事化的叙事策略,为用户提供有价值的信息和服务。

1. 用户为中心

自媒体与传统媒体最大的区别在于"去中心化"。所谓去中心化,不是指没有中心,而是指每一个移动终端既是节点,也可以成为中心,即它们既是信息的接收方,也是信息的生产者。这意味着读者具有主动获取信息的能力,也具有成为中心的期待。文案写作者必须从读者角度考虑问题,无论是输出个人观点还是解决用户实际问题,必须与读者建立感情关系,让读者觉得自己是"中心"。

2. 故事化叙事

自媒体时代,故事化的写作更具有优势,文案人员运用创新思维巧妙地设置故事悬念,以吸引读者的关注。或者通过叙述身边的人和事,以提高文章真实度,达到与读者心灵同频共振的效果。因此,自媒体文案写作就像是"我"和"你"对话,"我"是文案人员,"你"是每一个读者。这种对话式的写作方式,采取讲故事手法,把"你"吸引住,进而以娓娓道来的方式实现文案的变现能力。

3. 语言"快餐化"

自媒体短、平、快的特点,碎片化、个性化的传播,让读者很难在文章上停留很长时间,这促使自媒体文案写作语言风格更加"快餐化"。自媒体文案语言轻松易懂,具有个性和趣味,读者更容易接受,如新华社的一篇文案《刚刚,沙特王储被废了》发明的"刚刚体"。这种快餐式的风格本质是一种情绪化语言的表达。自媒体文案人员通过诙谐幽默的方式调动读者的情绪,增强读者黏性,加强传播效果。如《不好意思同龄人,我早就抛弃了你》《4小时逃离北上广》等文章都是通过情绪化的语言来表现年轻人的焦虑,以获得读者的认同。

第三节 自媒体文案写作技巧

一、标题新颖

"题好文一半。"在自媒体时代,标题引人入胜是自媒体文案留住受众的关键。自媒体文案要主动适应这一特征,以激发读者的阅读兴趣。

(一)问句式

看完这部电影,就可以走出分手的悲伤了?
人这一生有3次长大的机会,你还剩几次?
为什么天蝎座的男人值得爱?
特点:问句式标题引起读者的思考,容易抓住读者眼球。

(二)列数据

任正非《新闻联播》讲话:48秒、230字,却值得每个中国人反思

张一鸣10年面试过2000人:混得好的年轻人都有这5种特质

涉及年龄、时间、金钱等可以用数字表达:

17岁他说要把海洋清洗干净,没人相信,21岁他做到了!

月薪3000元与月薪30000元的文案,差别究竟在哪里?

特点:标题有数据支撑,显得权威、准确,可增强文章公信力。

(三)蹭热点

谷爱凌的成功秘诀,这一条大概是最容易模仿的了

心情不好的时候,就读读杨绛的这几句话

央视都报道了,你竟然不知道?

周鸿祎:学习郎平好榜样

特点:所蹭热点一定要与自己文案的内容相契合。标题如果与文案内容完全不相关,很容易被读者视为质量差的创作,进而影响推荐量和阅读量。

(四)代入感

由《红海行动》想到的

最高级的浪漫,就是柴米油盐、鸡毛蒜皮

做了3年Ctrl+C、Ctrl+V后,才知道什么是真正的产品运营

特点:这一类标题引导性比较强,通过一个熟悉的事物将读者与作者的距离拉近,吸引读者阅读,增加代入感。

二、内容权威

自媒体文案内容要有权威性,一定不能误导用户,这是自媒体文案写作的原则之一,只有如此才能让用户产生良好的阅读体验。自媒体文案虽然人人都可创作,但是权威性不见得每个文案都能拥有。权威的自媒体文案更有竞争优势,尤其是新闻、情感、专业等领域的自媒体文案。

新闻类文章权威性的特点表现突出,《人民日报》拥有传统媒体方面的优势,其公众号也有足够多的粉丝。《人民日报》线上发布的每篇文章都具有超高的阅读量,这就是权威性的体现。

三、满足需要

说到底自媒体文案内容都是写给用户看的,不然一点价值都没有。只要创造的文案能有益于用户,那么用户就会认同,从而帮助传播,比如转发、评论、分享,这能大大提升自媒体文案的传播效应。为此,我们推送的每一条自媒体文案,目的不能只是为了完成任务。在推送之前我们就应该思考,这篇文章能给用户带来什么价值,用户会不会买账,会不会分享。

对读者排行榜上榜文案或朋友圈分享的文案进行归纳,我们就会发现那些转载量高的文章,大部分都是很实用的文章,即便是心灵鸡汤、养生文章,对于用户来说也是有用的。用户看了文案,真的会发出感叹,会发自内心的笑,会觉得有趣,这些都是自媒体文案存在的价值。

四、热点营销

热点营销其实就是一种"借势营销",是指企业及时抓住广受关注的社会新闻、热点事件及明星效应等契机,为推销产品或推广企业而开展的一系列相关活动。从营销的角度而言,热点营销其实是通过一个优质的外部环境来构建良好的营销环境,以达到推广的目的。自媒体文案内容可以与热点事件有机融合,以激发读者的分享热情,获得更多的受众,从而得到大量的转载。

五、引起共鸣

凡客体、梨花体、甄嬛体、凡尔赛文学……让"80后""90后""00"后产生了情感共鸣,纷纷效仿,大量网民在自媒体平台上公布仿作,制造了短暂的网络狂欢。撰写自媒体文案,要善于洞察和把握网民心理,秉持平民化视角,表达独立见解,充分彰显个性,吸引网友关注,以实现与受众情感共鸣,实现文案引流功能。

自媒体文案看似信手拈来,其实很多文案都是反复推敲的结果。归根结底,拟制一篇文案需要技巧,但不需要应用所有的技巧,它要准确抓住用户的心理才是关键。这样的文案在乎网民的感受的文案才会吸引人,从而获得更多的阅读量。

自媒体文案案例分析

做自媒体的都知道标题的重要性,一个好的标题带来的浏览量是无法估计的。要想在自媒体运营方面取得一定的成绩,就必须不断地进行文案标题创新。比如大众点评 APP 在吃货节几个场景的文案标题:

> 所有的酸甜苦辣,今天通通咽下去。
>
> 想在有酒有肉的日子里,款待没心没肺的自己。
>
> 甩得掉一身膘,舍不得一嘴馋。
>
> 赤豆吃得没滋没味,怎能获得有滋有味。
>
> 只要碗里满满的,人生就不会空虚。

一张海报能够展示的内容是有限的,如何用最有效的语言传达正确的意思就显得尤为重要。以上几则文案标题,从大众角度出发,迎合普通人的心理需求,把一个个平凡人在三餐五味面前的复杂心态表现得一览无余。这些标题体现平凡心,充满烟火气,不夸大,也不造作,具有非常强的代入感。在语言层面,几则标题运用了反复、对仗、对比等修辞手法,语言简洁,形象直观,表意功能强,契合吃货节主题,是自媒体文案标题的典范。

思考练习题

1. 你认为自媒体最大的特点是什么?
2. 如何提升自媒体文案写作的艺术性?
3. 结合案例分析自媒体文案产生巨大影响力的原因。

第三章 软文写作

20世纪90年代中后期,软文进入中国市场。1999—2003年,中国掀起了第一个软文营销高潮,这种新颖的广告形式迅速成为许多企业营销的利器,以较低的成本为多个产品创造了惊人的市场奇迹。然而时过境迁,随着互联网技术的快速发展、消费者鉴别能力的逐渐增强,越来越多的消费者对软文产生了较强的"免疫力",软文一度成了"过时、落伍广告"的代名词,有人甚至认为软文营销应该是web 1.0的产物,软文营销的时代已经结束。

这样的认知显然是不正确的。《2021年自媒体营销行业洞察报告》指出,当下社交媒体用户规模大、活跃度高,已成为自媒体传播的主体,其所能产生的传播影响越来越不容小觑。我们不得不面对这样的事实:随着移动互联网大潮的高涨,"微博、微信""微商、电商"的兴盛,软文已重新回到营销市场的高地。

第一节 软文的概念和作用

软文,顾名思义就是一种软性文章,是相对于普通广告而言的广告表现手法,又被称作"文字广告",一般由企业的市场策划人员或广告公司的文案人员负责撰写。普通广告语言简单直接、文案浅白,这种意义上的普通广告可以称为"硬"广告。软文的精妙之处就在于一个"软"字,它可以避开普通广告直接宣传的弊端。软文的"软",是"春风化雨,以情动人";是"循循善诱,引人入胜";是"明修栈道,暗度陈仓";亦是"绵里藏针,以柔克刚",它所追求的

是一种"润物细无声"的传播效果。

一、软文的定义

软文的定义存在广狭义之分。

狭义软文:指企业在报纸或杂志等宣传载体上刊登的纯文字性的广告,即付费文字广告。

广义软文:指企业通过策划在报纸、杂志或网络等宣传载体上刊登的可以提升企业品牌形象,或可以促进商品销售的宣传性、阐释性文章,包括特定的新闻报道、专业论文、情感故事、案例分析等。如"广告新闻",表现为新闻宣传、社论式广告,其面目似广告而又似新闻,是"软文"的一种存在形式。从某种角度上说,广义"软文"概念的内涵具有不确定性。①

二、软文的作用

软文以文字的形式对所要营销的产品进行推广,提高产品的销量。软文的本质还是广告,只不过是以文章的形式出现,其作用依然很明显。

1. 软文的直接作用

软文具有可读性强、流通性广、效果持久等特点,软文的作用有以下几点。

(1)提高关注度

大量的同一时段的网络软文发布,可以很快使推广者的网站受到关注,网站成立初期可以用软文的形式吸引关注者或潜在客户。

(2)树立企业形象

很多企业同质化明显,处于相同领域的企业,一般会提供相似的产品或服务,而消费者只能记住其中的一家,那么这家企业在消费者心中的形象就显得非常重要。其可以通过软文来为企业树立一个独一无二的公众形象,让消费者记住这一形象,这种软文比广告的效果要好。

(3)传递口碑效应

---

① 吴臻、俞雅琴:《新媒体运营》,武汉:武汉理工大学出版社,2019年,第60页。

一篇好的软文会在网民间快速传播。点赞多的、转发量高的、评论多的软文收获的口碑效应会比普通广告要好得多。

(4) 传播价值观

软文不同于普通广告,它在很大程度上带有个人的分析,这无疑是一种个人价值观的一种表达。它不仅可以表达自己的观点,还可以宣传产品,引导用户进行消费。

2. 软文的间接作用

一篇好的软文不仅可以为企业网站带来大量的流量,还能将流量进行转化,实现盈利,这就是软文营销最终的价值体现。

(1) 导入引流

在软文中植入自己网站的链接,可以增加有效的外部链接,进而促使受众将其放至各大网站、论坛中。当有人点击或查看软文就可以点击搜索引擎链接至企业的网站,给推广的网站带来基础的流量,这些流量可以提高企业网站在搜索引擎上的排名。

(2) 提高关键词排名

在软文中穿插关键词和长尾关键词,可以有效地增加关键词的密度,再加上有效的外部链接和流量,可以提高关键词的排名。

第二节　软文的分类和特点

借助于新媒体软文进行推广和营销,来扩大品牌的知名度、美誉度,已经是诸多厂家立于不败之地的必备手段。初学者需要熟悉各类软文的写作规律,并根据企业的要求和产品的特性进行适当调整,才能写出优秀的软文。

一、软文的分类

(一)按传播渠道划分

软文有三种基本类型:新闻型软文、行业型软文和用户型软文[①]。

1. 新闻型软文

新闻型软文是通过新闻报道或新闻评论分析的形式把广告自然地穿插在文章中的软文,即软文与新闻的结合体,它将软文与新闻恰到好处地合在一起。新闻型软文既有软文的延展性又有新闻的权威性,让读者在"毫无防备"的情形下去接受软文的内容。

新闻型软文在形式上的隐蔽性和表达上的悬念性、完整性与可读性,抓住了消费者的心理,对企业宣传起到非常重要的促进作用。新闻型软文是目前最好的软文营销方式之一。无论是娱乐餐饮还是服装鞋帽类产品,都可以利用软文新闻的形式来作宣传,而绝大多数成功的案例也证明了这一观点,所以说新闻型软文营销是当今社会最实用的营销利器之一。一般新闻型软文包括以下几个主要的类型。

(1)新闻通稿

新闻通稿指企业在对外发布新闻的时候,为了统一宣传口径所组织的、提供给媒体的通用稿件。这种软文写作技巧相对简单,基本上只要文字流畅、语言准确、层次清晰、逻辑性强,能把事情表述清楚、表达完整即可。新闻通稿的不足在于宣传效果不能深入衍生,只能起到广而告之的作用。

(2)新闻报道

为了进一步增强营销效果,比如销售产品,企业就需要采用新闻报道的形式来做宣传。这一类软文主要以媒体的方式、新闻的手法对某一事件进行报道。这种新闻报道式的软文会夹杂在正常的新闻之中,由于其完全采用新闻体组织内容,这会让很多非专业人士"毫无防备"。

[①] 吴臻、俞雅琴:《新媒体运营》,武汉:武汉理工大学出版社,2019年,第61~64页。

(3)媒体访谈

相较于新闻通稿的公式化语言及新闻报道的说教式、单向灌输式的内容而言,媒体访谈式软文更容易被人接受。它一般通过企业与媒体访谈聊天的形式表达出来。这种形式的软文更具亲和力、吸引力和感染力,能够做到以理服人、以情动人。在访谈时可以深入挖掘企业新闻源,包括危机公关事件、娱乐营销事件、企业的重大事件等;或挖掘产品新闻源,包括新品上市、产品的测评和点评及买家体验新闻等;或企业领导人新闻源,包括企业领导人创业故事、荣誉及社会责任等;或文化新闻源,包括企业价值观、文化观和品牌故事等。

新闻型软文的推广优势如下。

(1)让用户有机会直接在门户网站的相关频道上看到关于企业产品的新闻,产生直接的点击或者评论,带来直接客户。

(2)用户运用搜索引擎搜索企业的公司名称或者产品的关键词,那么就会在一个页面或几个页面上,连续看到发布在各大网站的相关新闻报道,加速商品或服务的成交过程。

(3)把各大网站发表过的关于企业的报道收集起来,链接在本企业网站上,供用户阅览,使其迅速产生信任感。

(4)网络新闻软文具有二次传播特性,一个网站首先发布新闻之后,别的地方网站和专业网站往往会转载这篇新闻。

2. 行业型软文

行业型软文面向行业内人群,这类软文的主要目的是为了扩大行业影响力,奠定行业的品牌地位。一家企业的行业地位直接影响其核心竞争力,甚至会影响用户最终的选择。写好行业型软文,要花费一定的时间和精力,因为这类软文对于行业专业知识的要求比较高。行业型软文在明确写作目的和写作要求的基础上,应尽可能多地去有针对性地搜索相关资料,尽快熟悉相关内容,这样才能保证撰写出的行业型软文能体现其专业性和权威性。

行业型软文包括以下几种类型。

(1)权威论证

无论对于哪一行业的从业人员来讲,对与行业有关的调查数据、分析报告、趋势研究等资料都会有迫切的需求。撰稿人如果能够对行业进行一些有针对性的调查和研究,并且将这些权威的论证提供给行业从业人员,那么他一定会受到欢迎的。例如,一些电子商务咨询公司会定期发布有关电子商业行业的研究资料,这可以极大地改善公司的专业品牌形象。

(2)经验分享

这类软文以传播知识和经验为主,合理利用了"互惠原理",即别人得到了知识和经验的好处,自然愿意以二次传播的方式来回报我们。利用信息受众的这种心理,通过传播有价值的行业知识或行业经验,树立企业品牌,确定企业在行业中的地位。信息接受者接受了软文对自身的帮助,就可能愿意推荐给身边的人,这样软文营销中口碑营销的目的就达到了。

(3)观点交流

与经验分享型软文致力于分享知识不同,观点交流行业型软文以交流思想为主要目的。经验分享型的软文要求撰写者具备较强的行业知识,所以这种形式并不适用于所有人;而观点交流型的软文相对来说容易一些,撰写者只需要有思想、善于思考就可以写出交流观点型的软文。它主要通过让读者产生共鸣的形式来建立公信力和知名度。

(4)人物访谈、实录

针对某一行业内各个企业的领导人进行一系列的访谈,并将访谈内容进行发布,这也是一种软文撰写的形式。做人物访谈的好处就在于有丰富的写作材料,同时也可以在访谈的过程中积累很多优质的人脉资源和媒体资源,还可以增加行业品牌影响力,提升企业的知名度。

3. 用户型软文

用户型软文是面向最终消费者或者产品用户的,俗称产品软文。其主要作用是增加产品在用户中的知名度和影响力,赢得用户的好感与信任,甚至引导用户产生消费行为。用户型软文的表现形式因产品的多样性而种类繁多,但不管是哪一种表现形式,最基本的原则只有一个:以用户需求为主,能够为用户提供价值。

可以将用户型软文分为以下几种类型。

(1)知识型

人们上网非常重要的驱动力之一是获取知识,尤其是对某一方面知识或者经验的一站式需求。要是企业能系统地将知识提供给目标受众,就有很多机会将产品信息植入软文。

(2)娱乐型

很多人上网是为了娱乐,如果企业能用一篇具备娱乐精神的文章博得大家会心一笑,这样也能够取得不错的软文营销效果。

(3)故事型

听故事是人的天性,不管是小孩子还是大人,听故事对于他们来说都是一种最古老的传授知识的方式之一。可以围绕产品编一些引人入胜的小故事来撰写软文。当然,撰写此类软文需要了解目标受众喜欢什么样的故事。

(4)恐吓型

人的内心中都有恐惧,先抛出一个直击用户内心软肋的结论,当用户意识到问题严重性时,再给他一个解决的方案。通过"恐吓"达到的效果,要比其他方式更令人印象深刻。

(5)情感型

人都是情感动物,如果文章能够触动用户内心的情感,唤起共鸣,就能获得不错的营销效果。

(6)资源型

人们都需要好的资源。如果能将用户迫切需要的资源进行汇总并进行传播,这对于品牌形象的提升是有好处的。

(7)爆料型

人都有新奇感,希望能知道或了解一些别人不知道的东西。如果能以揭秘为主题发布一些文章,可能会获得很好的点击率。

(8)悬念型

这类软文会围绕一个主题,采取自问自答的形式,围绕这个问题进行分析和解答。这种类型的软文在保健品和化妆品领域比较常见。

(二)按文本内容划分

1. 宣传型软文

这是广告性质最强的软文类型。只需看标题,读者就能知道它的大致内容。宣传型软文和我们在生活中看到的各种普通广告十分相似,它的核心只有一个:简洁明了地介绍产品,让读者一眼就能看到产品的关键信息。但是它又不像普通广告那样直白地告诉人们"快来买吧",而是会换一种说法来推广产品,如介绍该产品的优惠活动、促销活动、评测报告等,就像是对人们说"这个产品很不错,买不买随你"。

2. 新闻类软文

此类软文写作采用新闻报道的形式,看上去比较正式、严肃,具备新闻的六要素,即人物、时间、地点,事件的起因、经过、结果。我们可以把这些要素串起来,写成一句通俗易懂的话:某人某时在某地,由于某种原因做了某事,出现了某种结果。此类软文中的故事往往新奇,情节又跌宕起伏,又有新闻的真实性加持,故此类软文可吸引更多的读者。

3. 知识型软文

很多行业喜欢用知识型软文进行推广,如《巧用加速工具,浏览网页再也不会延迟》,在文章中介绍一些减少延迟、提高网页浏览速度的小技巧,借机推广企业品牌或产品。阅读这种软文,可以使读者了解一些不常见的小知识或小技巧,解决日常工作生活中的实际问题,从而让读者对软文有了更多的忍耐力。

4. 经验分享型软文

经验分享型软文也是一种常见的软文写作方式。在这种类型的软文中,写作者从专家或知情者的角度,以一个过来人的身份,向读者介绍个人经验。此类软文一定要让读者相信其中写的是消费者的真实体验,而非杜撰。好的经验分享类软文,可以只字不提所要宣传的产品;或者在全文中把产品或品牌名称出现的频次控制在三次以内,最好是一次,但是当读者看完文章后,就会发现文章中的产品只与某品牌的某个产品符合。经验分享类软文依靠叙述者的公信力获得真实的力量,如果读者对文章的真实性产生怀疑,那么软文的目的就很难达到了。

5. 故事型软文

故事型软文和经验分享型软文类似,但经验分享类软文强调是的个人的经验和收获,而故事型软文更关注人物形象的鲜明生动、情节的曲折离奇,以博取读者的共情。其写作技巧的关键在于描述细节、刻画人物、渲染氛围,强调故事的真实感人。

6. 情感型软文

有些软文不会直接介绍产品,而是将视线转移到人的情感上,试图以情打动人。故事型软文注重故事本身,强调人物和故事结构、叙事技巧。情感型软文在叙述故事的过程中,更注重抒情,强调情感的代入,常常直抒胸臆,营造浓厚的情感氛围。

7. 争议型软文

此类软文和以上几种都不一样。前面几种软文,都在努力地向读者灌输某种思想,试图说服读者。而争议型软文选择的话题是具有争议性的,也就是说这个话题是没有标准答案的,需要读者自己去辨别,得出结论。这种软文貌似客观,采取争论的方式体现中立立场,实则调动了读者参与话题的积极性,达到推广商品的目的,这恰恰体现了软文的"软"之所在。[1]

二、软文的特点

1. 短

软文的篇幅视具体情况而定,一般在 500~600 字是最容易传播和被转载的。软文如果长篇大论、拖泥带水,读者就可能难以接受。软文文字须简洁精练,层次清晰,精彩的配图也必不可少,图文并茂更能赢得读者。

2. 准

精准是软文的生命所在。软文写作者要明确受众特征,从而精心设计软

---

[1] 陆安仁:《文案写作》,天津:天津科学技术出版社,2019 年,第 221 页。

文的语言风格、文本类型、主体内容等。

3. 情

煽情是软文的又一大特色。描述产品热销的场面,断货、抢购、消费者的呼声等情节,给人以产品非常畅销的印象;让明星、名人、节目主持人、科学家、专家推荐此产品,以坚定消费者的购买信心。[①]

4. 实

软文不能为流量而流量,它必须尊重事实,实事求是,不能歪曲事实,夸大其词。

第三节 软文的写作技巧

软文类型多,风格差异较大。我们通过对众多爆款软文进行归纳,提炼出软文标题、正文拟制等环节存在的一些基本模式,供初学者借鉴。

一、软文标题的写作技巧

标题是软文的关键所在,它决定了受众是否感兴趣、是否点击。从某种程度上说,软文标题是文章的生命。[②]

1. 观点式标题

此类软文标题是以表达观点为核心的一种标题撰写形式,一般会在标题上加上人物,人物的后面会紧接着描述对某件事的观点或看法,格式为"某某认为/指出/称/"。如:《崔医生:宝宝眼睛发育有黄金期!别让这些小习惯损伤宝宝视力》。

---

① 黄泽梁:《成功地产企业营销宝典地产营销传播式与业务指导》,广州:广东经济出版社,2016年,第69页。

② 吴臻、俞雅琴:《新媒体运营》,武汉:武汉理工大学出版社,2019年,第70~72页。

2. 谐趣式标题

企业用生动、幽默的语言来写标题,可以将标题变得有生气,具有活泼、俏皮、诙谐的效果,只要运用得当、不夸张,符合软文内容及主题,定能令读者回味无穷、记忆深刻。如《赶快下"斑",不许"痘"留》《妈妈再也不用担心我的学习啦!》等。

3. 指导式标题

指导式标题是指针对某一具体的事情进行方法介绍的标题,在标题中扣住"如何""怎样""某某的养成之道""更简单"之类的字词。撰写此类标题必须有较强的专业性和丰富的实践经验,在制定一个"指导性教程"的过程中,把广告完美地融合进去。

4. 问题式标题

此类标题是知识式标题与反问式标题的一种结合,以提问的形式将问题提出来,而读者又可以从提出的问题中知道软文的内容。如"×××有哪些诀窍(秘籍)";"当你遇到×××问题时,怎么办"。

5. "十大"式标题

此类标题紧扣"十大"作为关键词,以获得较高的传播率,从而获得网站和论坛的大量转载。如《坑娃十大行为,你中了几个》。

6. 数字式标题

这类标题在标题中明确具体的数据,以造成冲击效果,引发用户阅读兴趣。

7. 提示式标题

这种标题以劝勉、叮咛、希望等口气来撰写,直接或间接说明使用所推广品牌产品能获得的利益,具有晓之以理、动之以情的双重功能,目的在于促使读者采取相应的购买行动。

8. 借势式标题

这类标题利用名人或热点事件,借势吸引受众关注。如《×××竟然这样给娃做艺术启蒙》。

9. 警告式标题

此类标题通过警告或"恐吓"的手法吸引读者关注,利用读者产生的危机感促成商品推广。如《震惊!10个妈妈8个被骗:这些广为流传的育儿"经验"太坑人》。

二、软文正文的写作技巧

软文内容的关键始终在于"软",正文的功能在于做到使消费者的眼、耳、脑都"软"。软文借各种形式,比如行业揭秘、人物采访、新闻稿件、论坛发帖、评测心得等,让用户看其不像广告,也不容易被拒绝,让受众"眼软"。正文从挚友的角度向受众推荐商品,而不是如商场导购员般将商品吹得天花乱坠,让受众"耳软"。正文呈现出清晰的产品形象,并营造出信任和专业感,能让用户深切地感知到产品或品牌的"好",实现"脑软"。

(一)悬念式

正文中充分运用倒叙、插叙、平叙等叙事技巧,故意设置疑团,使故事情节跌宕起伏、扣人心弦,使读者产生急切的期盼心理,增加阅读兴味。

(二)故事式

通过叙述一个完整的故事,融知识性、趣味性、合理性于一体,直至最后点到产品,使产品的"光环效应"和"神秘性"给消费者造成强烈的心理暗示,使销售成为必然。正文分为三个部分。第一部分以简洁的语言对事件作概括性陈述,该部分的功能在于说清楚主体、客体、时间和地点。第二部分对前一部分所描述的事件进行补充说明,交代事件发生的背景、与事件相关的重要细节。第三部分提出观点,使正文内容与市场环境、产业现状和企业经营状况相联系,体现事件的意义和价值。

(三)情感式

软文由于信息传达量大、针对性强,更容易引起读者共鸣,更容易走进读者内心,打动读者。所以"情感营销"一直是营销百试不爽的灵丹妙药。

(四)递进式

软文正文采取递进式结构,适用于议论文体,特点在于论证时层层深入,步步推进,一环扣一环,每部分都不能缺少。论述时按照"是什么""为什么""怎么样"的逻辑,由现象到本质,由事实到道理,展开严密论证,使正文观点令读者信服。

(五)对比式

通过正反两种情况的对比分析来论证观点的结构形式。通篇进行对比,道理讲得更为透彻;局部运用正反对比论据,材料更具说服力。采用正反对比法,要注意以下几点。

(1)围绕中心论点选择比较材料,确定对比点。所选对象必须是两种性质截然相反或有差别的事物,论证时要紧扣文章的中心。

(2)正反论证应有主次。若文章从正面立论,主体部分则以正面论述为主,以反面论述为辅;若文章从反面论证,则以反面论述为主,以正面论述为辅。

软文一般篇幅短小。对于文字较多的软文,正文须注意排版的美观、阅读的便捷,可适当将软文内容进行分割,并配合使用醒目的小标题,增加美观的图片,在优化阅读体验的同时,使读者接受文章的观点。

软文拟制完成后,要根据不同的推广策略和目的,恰当地选择软文发布渠道、平台,如行业媒体、地方媒体、门户网站、自媒体、论坛、博客等。匹配好相应的投放渠道,才能最大程度地发挥软文的效果。

软文案例分析

曾经的贴吧、论坛等都是软文盛行的地方,之后出现的微博、微信等新平台也成为软文的新阵地。无论是论坛还是微博,软文都能够进入网民的视野。传播渠道越多,软文营销效果越好。

2014年的《千万不要用猫设置手机解锁密码》这篇软文曾经登上过微博热搜,在很多其他的网络社交平台上也有很高的阅读量和转载量。人们光是看这个标题就已经觉得非常有趣了,引发很多人的猜想和疑惑,而其内容更是意趣盎然。主人公以轻松通俗的口吻记述了自己某一天突发奇想,想用猫设置手机解锁密码的缘由、经过、意外和结果,还附上了手机和猫的照片。文章内容真实度非常高,并且行文非常接地气,事件也非常有趣,引发了人们的广泛关注。

我们注意到,这篇软文成功的关键在于内容的丰富和真实。文章用口头语讲述故事,穿插使用没有滤镜和后期处理过的图片,生活气息浓厚;且软文标题也非常具有吸引力,让人产生好奇心,想知道怎么用猫设置密码,或是想知道不能这样做的原因。加入猫这种可爱、受到大众喜爱的宠物元素,能够为文章增加很多亮点,让读者注意到华为的这款手机产品,让人产生模仿的冲动和消费的欲望。

思考练习题

1. 软文的写作技巧有哪些?
2. 请为某款商品拟写一则软文。

第四章　电影剧本写作

电影在文化产业中占有极其重要的地位,尤其是近年来,随着我国经济社会的发展、人民生活水平的提高,国内电影的数量大大增加,质量迅速提升,在满足人民日益增长的精神文化需求的同时,拉动了社会就业,促进了文化产业的繁荣,对讲好中国故事,传播中华民族优秀文化,开展国际文化交流,提升文化自信作出了巨大贡献。

电影是一门综合艺术,剧本是拍摄电影的前提和基础。电影剧本的好坏决定了电影的成功与否。国内外某些电影,即使投资巨大,名导、实力演员云集,也存在因剧本缺陷的先天不足,导致投资失败的案例。可见,高质量的剧本是电影获得成功的关键。

第一节　电影剧本概述

一、电影产业

电影早期是由活动照相术和幻灯放映术结合发展起来的一种连续的影像画面,是一个可以容纳文学戏剧、摄影、绘画、音乐、舞蹈、文字、雕塑、建筑等多种艺术的综合艺术。[①] 随着时代的推进和技术的发展,20 世纪 80 年代数字电影诞生了,这是高科技的产物。数字电影是指以数字技术和设备摄

---

① 王永鸿、周成华:《西方文明千问》,西安:三秦出版社,2012 年,第 155 页。

制、制作存储,并通过卫星、光纤、磁盘、光盘等物理媒体传送,将数字信号还原成符合电影技术标准的影像与声音,放映在银幕上的影视作品。数字电影从电影制作工艺、制作方式到发行及传播方式上均实现全面数字化。①

"一般认为,从经济学的角度来看,电影产业链以电影产品为核心,是其由制作到终端消费所涉及的具有上下游关系的各个功能主体的集合"②,包括电影的制片、发行和放映各环节,以及电影数字音像产品、电影IP衍生品、电影主题公园等与电影有关的产品。从产业属性上来看,电影产业区别于其他物质生产领域的产业,因为它不仅拥有经济属性,还拥有社会文化属性,对消费者的精神心理、价值取向能产生较大影响。

完整的电影产业链包括三个部分:前产业链、核心产业链和后产业链。电影前产业链包含电影立项、投融资、电影剧本编写等环节;电影核心产业链指"制片—发行—放映"环节;后产业链则主要涉及衍生品开发,如版权交易、主题公园建设等。③ 无论是电影前产业链、核心产业链,还是后产业链,剧本在其中都起到非常重要的作用。由此可以看出,电影剧本贯穿于电影产业链的全程。

二、电影剧本

电影剧本是一部电影作品最完整的书面形式。除了话本外,电影剧本还对剧中人物、布景、舞台指导及各种音响效果加以详细描述。电影剧本是导演拍摄电影作品的依据,是电影作品的关键组成部分。

电影剧本与小说、戏剧(舞台剧)有着显著区别。

首先,小说是一种以描写人物为中心,通过完整的情节和具体的环境描写来反映社会生活的文学体裁。电影剧本和小说都具有描写方法上的自由,不受时间和空间的限制。不同的是,文字是小说唯一的表现手段;而电影剧

---

① 孙立军:《数字电影表演创作》,北京:北京联合出版公司,2016年,第66页。
② 覃晓玲:《中国电影生态系统中的后产业链发展战略——以入世以来的中国电影为例》,载《电影文学》,2014年第15期,第4~7页。
③ 王广振、王新娟:《互联网电影企业:产业融合与电影产业链优化》,载《东岳论丛》,2015年第2期,第55~61页。

本在创作时,要考虑符合电影是视觉艺术的这一特点,它运用文宗图像、音乐等,能给观众展现明确、具体的人物形象和场景。小说的篇幅是没有限制的;而电影剧本的篇幅要受到一定的限制,这就要求电影剧本的主题思想突出,人物集中,情节紧凑,对话精练。小说中往往有一些说明性和叙述性的描写,而电影剧本却不需要。小说是以个人阅读为主,可以略读、粗读、细读,在必要的时候还可以进行复查、对照;而电影在一般情况下由观众集中观看,这就要求在编写电影剧本时,从主题思想、人物关系到剧情的发展都要交代清楚。①

在戏剧(舞台剧)中,行为动作和故事则发生在舞台上,而观众是第四面墙,聆听舞台人物的故事②。戏剧(舞台剧)是一种呈现在舞台上的戏剧艺术,戏剧中的行为动作产生于戏剧的对白语言之中,人物用语言来交流他们的梦想、需求、欲望、恐惧和矛盾等,它本身就是用口头讲述出来的故事。电影剧本则不同。电影是一种视觉媒介,它把一个基本的故事戏剧化了。电影剧本就是由一系列画面展现出来的故事,包括语言和描述,而这些内容都发生在其戏剧性结构之中。

三、电影剧本优化的重要性

剧本优化已经成了国产电影发展面临的一大难题和弱点。③

曾经有记者采访张艺谋,大陆电影市场正飞速发展,资金已经不是问题,那么目前电影产业的主要问题是什么?张艺谋对这个问题有自己的深刻见解,"我个人觉得是剧本荒,好剧本太少了,有人问我说接下来要做什么,我说等米下锅啊,我在到处乱找米呢。我觉得首先就是要(有)好剧本,就算你翻拍,翻拍过去多少年的东西都没关系。但就连翻拍的剧本都要好,要值得翻拍,被今天的'80后''90后'所喜欢,还要有时代的精神,又不丢掉原来的风

---

① 薛润芳、韩长兴:《大众电影知识》,济南:山东科学技术出版社,1981年,第33~34页。
② [美]悉德·菲尔德:《电影剧本写作基础——从构思到完成剧本的具体指南》,鲍玉珩,钟大丰译,北京:中国电影出版社,2002年,第2页。
③ 尹家美:《中国电影剧本优化研究》,东北师范大学博士论文,2018年。

貌,都很难。所以我不觉得一定要写原创的小说、写原创剧本,或(认为)翻拍就不值钱,其实都不是的,就是没有好剧本。我们总说增加了多少银幕,文化产业、电影产业如何飞速发展,但我要告诉你的是,剧本荒问题依然非常严重。市场发展这么快,需求量这么大,好剧本却根本跟不上,粗制滥造和快速类型化、复制化都导致了市场畸形,引发观众流失"[①]。冯小刚也认为:"一个好的剧本,占电影成功因素的一半以上。"从这些业已成名的大导演对电影剧本的看法可知,缺乏优质剧本是目前业内不争的事实。剧本是中国电影工业体系中重要的一环,是导演工作的基础和核心。为适应电影工业化生产要求,为导演提供优质剧本是近几年中国电影界专家和学者探讨的一个热点话题。

第二节　电影剧本分类及结构

一、电影剧本的分类

(一)按照流程和形式分类

按照流程和形式分类,电影剧本通常分为分场景剧本、分镜头剧本和完成台本三种类型。

分场景剧本是由电影编剧创作的,以场景作为结构单元的电影剧本形式。在分场景剧本中,每个场景前需要标注场次标题,以便说明该场景发生的大致的时间、地点、矛盾冲突等情况。每个场景中的内容包括场面调度的描述和人物的对白。分场景剧本采取适合电影拍摄的方式进行构思,重视动作和画面,用文学的方式来表达。它不要求将视听形象设计得非常具体,也不对摄影机的运动等技术细节作出限定,这有利于导演把握电影的叙事进

---

① 独家专访张艺谋:《开放外片配额未来无法预测》,载《金融界博客》,2012年。

程,为导演即兴创作提供了便利。① 分场景剧本可以完整地呈现出每场戏的进程,有助于导演快速判断剧本的价值,是目前电影界要求编剧提供的常规剧本格式之一。

分镜头剧本也叫导演台本,是由导演创作的用于电影拍摄的剧本形式,是其案头工作的集中表现。一般来说,分镜头剧本出现在分场景剧本之后,是导演根据分场景剧本提供的叙事基础,按照自己对具体拍摄电影的构想,以一个一个镜头所包含的视听形象为内容,有的以文字或多以表格的形式,把未来影片中准备塑造的声画结合的形象确定下来。在表格中,所要记录的内容可以细化到镜头的编号、具体镜头的景别及运动方式,叙事内容、人物语言及音乐和音响的效果等细节。分镜头剧本是导演案头工作的主要内容,是对未来所要拍摄电影的设计和构思,是其他电影制作人员开展工作的主要依据。

一般来说,完成台本即完成剧本,其被"阅读"得最多,是读者范围最大的剧本形式。完成剧本的出现不是为了电影的构思和拍摄,它是在电影的拍摄全部完成之后,由相关专业人员根据已经上映的电影,将其中一切有关技术和艺术的内容完整记录下来的剧本形式。完成剧本的出现,是为了供一些学者或电影研究机构研究使用。

(二)按照影片类型分类

按照影片类型分类,电影剧本通常可以分为微电影、故事片、新闻纪录片和美术片等。

微电影是指在各种新媒体平台上播放的、具有完整策划和系统制作体系支持的具有完整故事情节的"微时"(30～300秒)放映、"微周期制作(1～7天或数周)"和"微规模投资(1万到数万元/部)"的视频短片,内容可单独成篇,也可系列成剧。微电影剧本泛指以文字描述整部影片的人物和动作内容所采取的各种写作形式,它有四个基本的构成要素:场景描写(Scene)、人物

---

① [英]爱德华·露西·史密斯:《艺术词典》,殷企平,严军,张言梦译,北京:生活·读书·新知三联书店,2005年,第286页。

(Character)、对话(Dialogue)和动作描写(Action)。与电影作品相比,微电影具有门槛低、参与度高、传播效率高的特点。在人人都是导演、人人都是主角的信息化时代,微电影成为文化市场新的业务增长点。

故事片是运用影像和声音为手段进行叙事的电影作品。凡是由演员扮演角色,具有一定故事情节,表达一定主题思想的影片都可称为故事片。演员演出是故事片区别于其他片种的基本特征。

新闻纪录片以摄像或摄影手段对新闻事件作比较系统完整的纪实报道,是用来揭示真相、反映社会热点问题的电视、电影作品。新闻纪录片要求拍摄真人真事,直接取材于现实生活或历史资料,并以尽可能生动和富有表现力的手段再现事物,不容许虚构。

美术片是一种特殊形式的电影。美术片是中国的名词,西方称之为animation,是动画片、木偶片、剪纸片的总称。美术片主要运用绘画或其他造型艺术的形象(人、动物或其他物体)来表现艺术家的创作意图,是一门综合艺术。①

二、电影剧本结构

结构是对创作素材的布局和裁剪,也就是对情节的安排。犹如日常生活中裁剪衣服,布料即为创作素材,裁剪即为结构。情节或素材是内容,结构是形式、手段。

电影是一种视觉媒介,它把一个基本的故事戏剧化了,所有的电影剧本都贯彻执行这一基本前提。电影剧本展现由画面讲述出来的故事,包括语言和描述。它讲述了一个人或几个人,在一个地方或几个地方,去做他们的事情的故事。

这些内容都发生在电影的戏剧性结构之中。如同生活中的故事一样,电影剧本所讲的故事有明确的开端、中段和结尾。如果我们拿来一个电影剧本,把它作为一幅画那样挂在墙上来审视,可如图所示。

---

① 谷冰、宋春婷:《影视鉴赏》,北京:航空工业出版社,2014年,第30页。

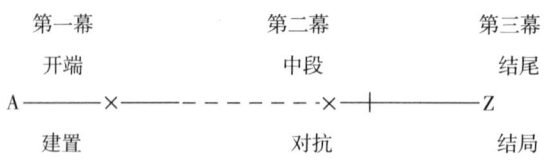

图 4-1 电影剧本结构示意

(一)第一幕开端

第一幕是开端,可看成故事建置(set up)部分,是剧作主要事件的起始,主要人物的出现和主要矛盾的显露,构成了结构的开端部。

建置(确定)故事。消费者在观赏电影时,会自觉或不自觉地作出判断——是否喜爱这部影片。在观影开始大约十分钟后,消费者即可作出是否喜爱这部影片的结论,这个时间相当于电影剧本的故事建置时间。因此,剧本开端要足够精彩,以快速吸引消费者的注意力,激发消费者的兴趣。剧本开端应当建置故事,让读者明白谁是故事主要人物、故事的前提是什么、故事的情境是什么。[①] 建置故事的方式多种多样,经典电影的建置方式常常匠心独运、别具一格。

(二)第二幕:对抗

第二幕是故事的主体部分,可以分为发展和高潮两个阶段,所占篇幅也最多。它之所以被称为电影剧本的对抗部分,是因为一切戏剧的基础都是冲突(conflict)。剧中人物产生需求(need),需求实现过程中遇到障碍(obstacles),两者之间产生了冲突。

人物性格的不断发展、矛盾的不断推进和冲突的不断加剧,形成了故事发展阶段的主要内容。在剧本发展阶段时必须注意:首先,要注意场和场、段和段之间的联系必须紧密且合乎逻辑;其次,每一段、每一场都要注意合理安排细节,使之层次清楚,冲突有铺垫。

---

① 沈娟、孟宪青:《青少年微电影创作简明教程》,北京:中国戏剧出版社,2019 年,第 58 页。

高潮阶段是剧作中最为重要的部分,它是矛盾发展的必然结果和顶点,是主要人物性格塑造完成的关键时刻。

(三)第三幕:结局

第三幕通常发生在剧本结尾处。当高潮过去之后,主要矛盾和主要悬念的最终解开,主要人物性格的塑造完成,人物关系趋于平衡和稳定,这便构成了结局。①

故事是如何结束的?主人公怎么样了?他是活着还是死了?他是成功还是失败了?等等。故事需要有一个有力的结尾,以便使人感到满足并求得故事的完整。那种模棱两可、含义暧昧的结尾,也并不鲜见。

戏剧性结局是剧本的重要组成部分。处理剧本结局时应注意:

(1)结局应该在动作中进行表现;

(2)对人物性格的塑造,应注意掌握人物性格发展的现实逻辑;

(3)对矛盾的处理,应该妥善处理矛盾冲突的激烈程度;

(4)结局应该干净利落,切忌拖泥带水、画蛇添足。

第三节　电影剧本写作技巧

要想创作出一部优秀的电影剧本,作者必须掌握电影剧本写作的基本知识和基本理论,熟练运用电影剧本的写作技巧。在电影发展史上,产出了大量的优秀电影剧本,未来还将有新的佳作出现。综观既有的优秀电影剧本,归纳其写作技巧,即是,要在态度、主题、人物、细节、构思五个方面下功夫,创作出一个好故事。②

第一,时刻谨记"为银幕而写作"。电影剧本与文学创作最大的不同就在

---

① 膳书堂文化:《电影艺术基础学习与欣赏》,成都:成都时代出版社,2014年,第78页。
② 徐燕:《剧本写作教程》,北京:中国传媒大学出版社,2017年,第126~127页。

于它是为银幕服务的。读小说,"一千个人心中有一千个哈姆雷特",读者可以自由想象、无限联想。而电影剧本则不同,编剧要考虑镜头感,要考虑人物的台词、动作、场景,这些描写都不能如小说般自由,而应该用充满画面感的文字来表现。字句并不重要,重要的是这些描写必须能成为适于造型的形象,直接被受众接收到。所以,在当下的电影剧本创作中,流行着一种"分镜头+文学本"的形式,在不妨碍观众阅读的前提下,将编剧对镜头的设想安排到字里行间。

第二,时刻谨记打造"蒙太奇时空"。电影与戏剧最大的不同便在于它的时空灵活性,它打破戏剧幕场限制,引导观众在过去、未来、现在、同时异地、幻觉等时空中穿梭。编剧的初学者在创作时一定要摆脱戏剧思维,时刻谨记电影的时空可以通过蒙太奇实行自由转换。例如影视剧中故事在高潮处常常会有"刀下留人"的套路,即一边是主人公在法场上等待被处以极刑,另一边是营救人员在请旨赦免主人公,两个场景不断穿插,一直到最后救星及时赶到,观众才能放下心来。这种套路在影视创作中被称为"最后一分钟营救"模式,通过交叉蒙太奇将同时异地彼此相关的两件或多件事情穿插叙述,使得故事更加紧张刺激,节奏越来越快,最终走向高潮。又例如心理蒙太奇,人物在想些什么?有什么感悟?有什么幻觉、噩梦、回忆?这些心理状态都可以用具体的动作、场景来表现。总之,编剧在创作过程中一定要树立蒙太奇的视听意识,通过蒙太奇使故事叙述更加灵活自由,给观众带来新鲜感。

第三,了解并熟悉类型电影的创作技巧。要想成为好的编剧,只是生搬硬套各种熟悉的影视套路是不行的。但如果对类型、模式不了解,完全凭着自我感觉与天赋灵感进行创作,能够成功的人是极少数的。对于编剧的初学者来说,在创作之前少不了要看很多影片,熟悉并总结其中的套路,在此基础上再进行创新。毕竟,这些类型或套路之所以能长久地流传下来,说明它们迎合了观众的需求,得到了观众的认可,具有一定的商业价值。电影归根结底是一种商品,编剧也需要了解剧本背后的商业创作规律,让套路、模式为自己的故事服务。只有观众接受、认可了电影作品,在获得商业利润的同时达到传播、教化、娱乐等目的,这部电影才可以说真正实现了它的价值。

第四,千方百计地制造戏剧冲突。同样一件事,为什么有的人讲起来索然无味,有的人讲却让人听得欲罢不能?很显然,这是由于后者的讲述技巧更好。这里说的技巧并不是指"语言技巧",华丽的辞藻、修辞和文采在这里没有什么吸引力。剧本写作技巧通常指另外一些名词,比如"悬念""矛盾""冲突""伏笔""铺垫""高潮""人物关系""叙事节奏""戏剧氛围"……熟知市场的编剧们要使用这些技巧和观众"斗智斗勇",与他们进行心理博弈。这实在不是一件简单的事,要弄懂"观众想要什么"已经很难,还要提防剧本落入"一味迎合观众口味"的窠臼。初学者为此要掌握出奇制胜的方法。

营造变化。好的故事在于变化——人物在变化,情节也在变化。人物的变化包括人物自身的心理、性格或者人生观、价值观的转变,也包括人物与人物之间关系的转变。人是最复杂的动物,人类的心理活动是最微妙而善变的。作为创作者,编剧应该在剧本里呈现这种复杂的变化。当我们谈论剧本时,时常能听到这样的话:"你的人物没有立起来。"由此可见,鲜活、饱满、真实的人物形象是人们评判一个剧本优秀与否的依据之一。要使人物"立起来",关键在于使人物的行为合理而富有变化。当你完成剧本大纲的构想时,应该思索一下,人物的性格、观念、关系等前后有没有发生变化,其推动力又是什么。如果在你的故事里,人物从头至尾都是一成不变的,那最好推倒重写。

人物的变化会带动情节的变化,而情节的变化也会直接导致人物的变化。制造情节变化的方法很多,比如"意外"——突如其来的车祸、不期而遇的邂逅、被偷、被抢、中彩票……这些意外会让剧情产生戏剧性的变化。然而说易行难——一个剧本的成败很多时候就在于这些"变化"的设定。如果"变化"过于牵强或者过于老套,十分容易引起观众的反感;反之,则会让人感觉耳目一新。

构建因果。绝大多数故事的构建基于因果关系。如果你想得到一个精彩的故事,就必须考虑情节的因果。有因无果、有果无因,都容易影响故事或者剧本的质量。想清楚情节的因果关系属于创作的基本要求,这个工作在剧本写作前就应该想好。当动笔写作时,应该思考的是如何安排这些因和果,第几场是因,第几场又是果?

剧本的结构一般是前因后果型的,但也可是打乱因果顺序。

前者的因果关系是顺序的,即前一场戏(或者镜头)里面交代了原因,后一场戏(或镜头)会产生结果。而后者的因果关系是非线性的,即前一场戏的原因,可能要到后几场戏中才会产生结果;或者先有结果,若干场戏之后再给出原因。前者节奏流畅,但有时不免显得过于直白,缺少让人回味的空间;后者构思精巧,时常给人豁然开朗之感。如果你总习惯于使用第一种结构撰写剧本,那么不妨改变一下风格,将之前的本子修改一下,变成第二种因果结构,没准能收到奇效。

制造困境。主人公必须遭遇困境,这似乎是剧本创作的一条铁律。困境是促使人物改变和情节发展的重要诱因,也是电影戏剧性的重要来源。困境有很多种,归结起来有生存困境和生活困境两种。

生存困境,指主人公(或其亲近之人)的生命安全受到威胁,或者主人公使别人的生命安全受到威胁;而生活困境则包括很多,比如经济困境、事业困境、情感困境、精神困境、社交困境,等等。通常在一个故事里,几乎每个角色都将遭遇一个或多个困境,这些困境为角色的行为和改变提供逻辑支撑。正面角色会遭遇困境,反面角色同样会遭遇困境,故事情节大部分是关注人们在面对困境时的不同抉择。[1]

---

[1] 齐青:《微电影制作》,上海:上海科技教育出版社,2017年,第28页。

电影剧本写作案例分析

《湄公河行动》是博纳影业集团出品的警匪动作电影,由林超贤编剧并执导,张涵予、彭于晏、冯文娟等主演。该片根据"10·5 中国船员金三角遇害事件"(湄公河惨案)改编,展示了中国警察如何联合其他国家跨境追捕"金三角"毒枭糯康的过程。有了真实案件的加持,电影的戏剧张力和人物形象都有了突破和更大的展示空间。影片于 2016 年 9 月 30 日在中国大陆上映。《湄公河行动》上映 6 天,票房接近 4 亿元,成为当年国庆档的黑马。更重要的是,它作为改编自真实案件的一个范本,有许多突破和创新,给初学者提供了一个优秀的研究范本。

第一,塑造平民英雄。主旋律电影塑造的英雄形象,往往表现出"高、大、全"的特点。《湄公河行动》则采用平民化视角,还原英雄的日常生活,从而使主要人物形象更生动和丰满。主人公高刚作为行动小组组长,性格固执、倔强,对下属严厉,但当看到女儿视频时,眼里充满父爱柔情。这仿佛在提醒我们,除去缉毒警察的身份,他还是一名普通的父亲。

第二,设置戏剧冲突。电影精心设置了诸多冲突,主要有境外执法团队与糯康团伙之间的冲突,糯康团伙内部与 boss 之间的冲突;方新武与中国毒贩之间的冲突,方新武和高刚之间的冲突,高刚工作和家庭之间的冲突。贯穿其中的,是民族情感和人间正义。冲突越激烈,剧本则更精彩。

第三,讲好中国故事。习近平总书记指出:"要精心构建对外话语体系,发挥好新兴媒体作用,增强对外话语的创造力、感召力、公信力,讲好中国故事,传播好中国声音,阐释好中国特色。"当前我国对外传播迎来了新的发展机遇,从建设"一带一路"到构建人类命运共同体,中国的美好形象需要靠媒体的宣传。电影作为一种媒介,肩负着重塑并传播国家形象的历史使命,是传播中国文化的方式之一。《湄公河行动》在广大受众中产生了强烈的共鸣,带动了人们对电影传递主流价值观念问题的思考,展现出了中国电影应有的文化担当,在"讲述好中国故事,传播好中国声音"的道路上迈出了重要一步。

思考练习题：

1. 如何把握电影剧本的时代性？
2. 如何理解电影剧本的写作技巧？
3. 电影剧本塑造人物的艺术有哪些？

第五章　动漫文案写作

　　动漫产业的辉煌并非一蹴而就。纵观欧美、日本、韩国等国动漫发展史，动漫产业的兴盛莫不经过长时间的积淀。就世界动漫产业的体系而言，其产业链是由动画制作完成—电视及网络视频播放—动漫出版物上市—动画片相关衍生产品营销构成，其中的"动画片相关衍生产品"环节，已是动漫产业利润的主要来源。动漫产品生产过程主要由"前期调研策划—内容构思创意—技术手段加艺术化的制作—产品营销推广"这几个环节组成。当前，中国动漫产业还有很长的路要走，主要表现为动漫产业链尚不完善，且我国的动漫机构、动漫教学单位偏视于"技术手段加艺术化的制作"、弱化"构思创意"、忽视"前期策划"和"产品营销推广"环节，加之高校动漫专业方向设置过于狭窄，这势必影响我国动漫产业的快速健康发展和繁荣壮大。[①] 在高校开展动漫写作训练，培养优秀的动漫文案写作者，有助于改变"构思创意"欠缺的现状，加大原创动漫 IP 产业开发力度，延长国产动漫产业链，助力中国动漫走向世界。

---

① 王鹏：《文案也浪漫》，北京：知识产权出版社，2015 年，第 84 页。

第一节　动漫文案概述

一、动漫产业

动漫产业是以动漫创意为起点,以版权保护为核心,以漫画、动画、游戏和衍生品等为表现形式,版权开发利用贯穿于动漫产品开发、流通、销售等各环节的重要文化产业[①]。作为文化创意产业的重要组成,动漫产业是21世纪最具战略性和发展潜力的新兴产业之一,也被称为"新兴的朝阳产业"。动漫产业有着广泛的发展前景,是政府重点扶持的文化产业之一,在经济社会发展和文化建设中发挥着越来越重要的作用,正逐步成为新的经济增长点。

二、动漫文案

"动漫＝动画＋漫画",即动画和漫画的合称,是动画与漫画的集合。动漫文案是动画和漫画作品当中所有文字内容的统称,而并非宣传动漫的广告语。动漫文案一般包括动漫脚本、画面与分镜头台本、宣传文案和策划文案等。动漫文案作为项目开发的前期规划,设定了动漫类型、情节走向和后期广告宣传方式,奠定动漫在市场获得成功的基石。

动漫文案的优劣,是动漫产品能否得到市场的欢迎、进行全产业链开发、获取丰厚利润的关键所在。随着动漫创作艺术的进步和时代的不断发展,动漫文案的创作也在不断发生变化,以适应时代和满足观众的各种需求。

三、动漫文案的内容

1. 动漫脚本

动漫脚本指的是描述某个情景使之成为动漫画面的文字。动画脚本不

---

① 李常庆、魏本貌:《日本动漫产业探析》,载《出版科学》,2010年第4期,第94～98页。

同于影视剧本,动漫脚本的文字信息被用来加工成不同的画面,呈现的是一个个场景、一幅幅画面、不同角色的造型等,它是通过画面把人带入无限的想象空间。

动漫脚本的构成包括三个部分。一是故事梗概。故事梗概确定了整个作品的主体内容及作品的风格。二是设定基本人物。这部分包括两个方面:第一个方面是基本的角色介绍,具体到人物的外貌特征、性格、表情等;第二个方面指的是整个作品中角色与角色之间的关系介绍。三是确定整部作品的表现形式[①]。

2. 画面与分镜头台本

根据脚本,导演要绘制出类似于连环画的分镜头画面台本,将脚本描述的动作表现出来。分镜头台本由若干片段组成,每一个片段由系列场景组成。一个场景的发生一般被限定在一个地点和一组人物之内,而场景又可以分为一系列被视为图片单位的镜头,由此构造出一部动画片的整体结构。分镜头台本在绘制各个镜头时,对作为其内容的动作、摄影指示、画面连接等都要作出相应的说明。一般30分钟的动画剧本,要绘制出800个左右镜头的画面分镜头台本。[②]

3. 人物台词与旁白

台词是动漫中角色所说的话语,是剧作者用以展示剧情、刻画人物、体现主题的主要手段,剧中人物必须通过台词才能体现各自的身份、地位、性格、特点等。台词是动漫文案不可或缺的因素。动漫中时而运用旁白,用以介绍动漫内容、交代剧情或发表议论。

四、动漫文案的特点

1. 简明精练

动漫文案在文字语言的使用上,要简明扼要,把复杂语言简单化。首先,

---

① 姜莉:《从腾讯首届动漫脚本选秀大赛看国产动漫中脚本创作的可行性方向》,载《群文天地》,2012年第2期,第119~120+123页。
② 吕美、宋姗姗:《动漫概论》,成都:电子科技大学出版社,2018年,第95页。

要用尽可能少的语言和文字表达出尽可能多的内容,以实现有效的信息传播。其次,要尽量使用简短的句子,以免受众因语句繁杂而产生反感。

2. 准确规范

准确规范是文案最基本的要求。语言表达须规范完整,避免语法错误或表达残缺。语言要符合表达习惯,不可生搬硬套。语言要尽量通俗化、大众化,避免使用冷僻或过于专业化的词语。

3. 幻想性

动漫文案的基本特性就是营造具有原创性的幻想空间。动漫是在真实的、可能发生的事物及即将发生的事物基础上,加上幻想和夸张,从而发展出来的一个新世界。动漫作品为观众营造丰富多彩、变幻莫测的幻想世界,其主题鲜能超越普世价值范畴,但剧本中幻想部分的场景、故事却是新鲜的、原创的,成为动漫作品中最独特的和最具标志性的部分①。

第二节 动漫文案类型

动漫文案按照类别划分,可以分为动漫剧本文案、动漫广告文案和动漫策划文案。

一、动漫剧本文案

(一)动漫剧本文案概述

广义的动漫剧本文案是指由动漫剧本、动漫大纲和动漫脚本组成的用画面描述故事的文字集合。动漫文案通过图画去描述精彩的故事,比如游戏改编成漫画;小说改编成漫画等。可以说,动漫剧本是故事的灵魂,动漫大纲是

---

① 孟涵:《影视动画剧本创作》,长春:吉林人民出版社,2019年,第13页。

故事的骨骼框架,动漫脚本是故事的血肉。它们的功能各不相同。动漫剧本:剧情的整体走向和设定,逻辑、主题、人物设定、环境场景设定等。动漫大纲:剧情骨架,比动漫剧本更具体,体现每一章节的内容、大致的剧情。动漫脚本:是动漫制作的依据,包括每一幅画面的台词、动作、场景和具体的细节。

(二)动漫剧本文案分类

1. 按动漫类型分类

动漫文案可以分为热血动漫文案、爱情动漫文案、校园动漫文案、科幻动漫文案及体育动漫文案等。

①热血动漫文案。热血动漫贯穿着"友情、努力、想要胜利"的精神,宣扬勇敢、善良、奋斗、努力和责任,不同年龄、不同性格的读者都能在热血动漫中找到能产生共鸣的角色。人物形象鲜明,剧情引人入胜。该类动漫主角多为少年,讲述主角及其伙伴一路成长,为梦想奋斗的经历。

②爱情动漫文案。爱情动漫一般以讲述人物爱情故事为主。爱情是故事片的母题,动漫也不例外,大多数动漫都含有爱情的元素。这是一部动漫能够取得成功的必备要素之一。

③校园动漫文案。校园动漫剧情主要围绕校园生活展开,内容广泛,包括友情、爱情、冒险、搞笑等众多元素,深受动漫观众的喜爱。主角的年龄大都集中在上学阶段,幼儿园、小学、初中与高中阶段,年龄桥段为3～19岁。

④科幻动漫文案。科学幻想动漫主要以科学为题材呈现未来或幻想出来的虚拟世界,属于科幻性的动漫作品。

⑤体育动漫文案。体育动漫以体育活动为题材,描绘与体育运动相关的事件、运动中的趣事及超常体育能力的想象。

2. 按动漫受众分类

动漫文案可以分为儿童动漫文案、少年动漫文案、男性向动漫文案、女性向动漫文案及国民动漫文案。

①儿童动漫文案。主要围绕小学、幼儿园群体儿童展开,剧情简单。

②少年动漫文案。指以青少年为主要对象的动漫,剧情一般以悬疑、冒

险、科幻剧情为主。

③男性向动漫文案。指消费对象主要为男性的动漫,动漫风格迎合男性的审美需求。

④女性向动漫文案。指消费对象主要为女性的动漫,动漫风格迎合女性的审美需求。

⑤国民动漫文案。指全年龄段、老幼咸宜的动漫。通常是表现童真、友谊等普世价值的漫画或动画作品。

二、动漫广告文案

(一)动漫平面广告文案

动漫广告文案,指在广告作品中,利用动漫的表现形式,进行有创意的动漫广告内容输出,用于辅助商家或企业实现某种营销目标的一种文案。

(二)动漫新媒体文案

动漫新媒体文案是指以现有的新兴媒体(多为移动互联网媒体)为传播平台,利用其网络媒体、社交平台的交互性,进行有创意的动漫内容输出,用于辅助商家或企业实现某种营销目标的一种文案。

(三)动漫公益广告文案

动漫公益广告文案,是指不以营利为主要目的,以动漫为表现形式,向社会公众传播对其有益的社会观念,以促使观众态度和行为发生改变的广告文案。它将某些积极的道德价值观传达给公众,以促进我们文化的发展并获得良好的社会效益。

三、动漫策划文案

动漫策划文案是指动漫全产业链或生产、宣传、开发等产业链部分环节的顶层设计,包括但不限于动漫作品的市场调研、立项报告、生产过程、宣传推广等体现独特创意及实施计划的文本。比如一些动漫项目策划书、项目实施方案、项目工作规划和项目论证等。

第三节　动漫文案写作技巧

一、剧本内容高度集中

(一)时间集中

动漫文案具有高度概括性,在追求内容完整性的基础上,精心设计每个情节,在较短的时间跨度内,集中反映人物性格。

(二)场景集中

考虑到观众在短时间内对动画片的接受度,动漫文案中相关性较弱的场景过多会给人眼花缭乱不知所云的感觉,所以我们在创作时要注意场景的相对集中。如短片《父与女》自始至终就只有一个湖边的场景。

(三)人物集中

剧本中角色的主次关系分明,针对主要角色进行大量的刻画,做到条理清晰,主次分明。人物塑造简单直接,紧扣主题。

(四)情节集中

创作者应尽量避开次要矛盾,突出主要矛盾,在不影响整个故事框架完整性的同时,在有限的时间内把故事讲清楚,这样才能保证动漫作品的情节完整合理并突出故事主题。

二、剧本人物新颖独特

(一)原创人物

聪明的创作者善于从平凡生活中积累所需知识,捕捉新奇灵感,将自己对过去、现在和未来生活的感悟与启发以塑造原创人物的表现方式呈现给观众。创造原创人物需要创作者具有丰富的想象力、创造力和深厚的科学知识做基础。①

(二)推陈出新

动漫剧本创作上最突出的特点是发挥创造精神,即使是改编作品,其所刻画的主要人物身上也必然有独创内容。如《哪吒之魔童降世》中的主人公哪吒,作者在其身上加入了新元素,和以往同类型动画片中的哪吒形象存在鲜明反差,引起了观众的强烈共鸣。

(三)鲜明反差

"怪物外表,英雄内心"是诸多经典动漫作品成功的关键。外表、性格怪异,造型新奇特别,但内心善良、充满仁慈,具备人类优秀品质。观众往往要求动漫主要人物具有善良、同情心、人道主义等高贵品质,因为消费者特别是动漫作品消费者希望在动画作品中看到一个明朗、纯真的童话世界,认可一些生机勃勃、充满爱心的人物。

三、剧本故事虚实相生

(一)想象丰富

用动画的方式去讲述故事,强调故事单纯而又富于幻想。即使是现实题材,动漫作品表现这一题材的方法,也要充分运用想象力,创造一个虚拟的故

---

① 王睿、王茜濡:《影视动画创作研究》,北京:新华出版社,2019年,第60页。

事空间,或是在角色身上加入神话的元素,又或者是在动作细节、故事细节中加入夸张想象的元素。

(二)儿童视角

同样是看待、思考问题,成人和儿童有着不同的视角。成人看待事情比较理性,缺乏幻想和童心,很难想象角色为什么会具有那么多神奇能力,生活中会有那么多令人兴奋惊喜的奇迹。一些经典的动画片,编剧往往采取儿童视角,将故事感性、直观,神性、人性、魔性常常融于一体。

动漫剧本案例分析

《哪吒之魔童降世》改编自中国神话故事,讲述了哪吒虽"生而为魔"却"逆天而行斗到底"的成长经历。上映 51 天票房累计超过 49.77 亿元,成为全球影史单市场单片最高票房动画电影。国内主流媒体纷纷对其给予高度赞赏,称赞影片为"国漫之光"。

《哪吒之魔童降世》取得成功的启示有以下三点。一是优秀传统文化的创造性转化。"哪吒传说"是中国长期流传的民间故事之一,影响深远,有深厚的群众基础和良好的文化基因。从明代《西游记》到动画电影《哪吒闹海》、动画片《哪吒传奇》再到《哪吒之魔童降世》,"哪吒传说"逐渐形成了以"灵珠转世""大闹东海""剔骨还父""莲花化身"等情节为主的原型故事,塑造了一个神通广大、善能降魔的少年英雄形象。二是体现时代精神。影片以哪吒的成长经历为主线,通过巧妙的伏笔设置、激烈的矛盾冲突及新颖的情节架构,突出"我命由我不由天"的信念,表达了砥砺奋进、拼搏进取的抗争精神。三是全年龄向定位。本部电影的主题具有普适性,观影占比最高的人群年龄为 30~34 岁,"34+"人群的观影人数持续增加。此部分观众既有情怀,又有消费能力,为该影片口碑和票房双赢奠定了基础。

思考练习题:

1. 男性向动漫、女性向动漫文案的联系与区别有哪些?
2. 以《西游记》为蓝本,尝试对其进行改编,创作动画剧本《大闹天宫》。

第六章 文化产业项目调查报告

"没有调查就没有发言权",调查之于文化产业项目的决策者,不啻地基之于大厦。文化产业项目在经济上投入较大,社会影响广泛,在进行决策之前,必须开展深入调查,以了解文化产业项目的产生背景、市场需求、群众认可度、前期投入、运营需求及社会影响、后期投入等,这些都需要我们进行充分调查,从而得出准确的结论。

第一节 调查报告概述

一、调查报告的定义

调查报告是就某一情况、某一事件、某一问题进行深入细致的调查研究,然后把调查研究得来的情况真实地表述出来而形成的书面报告。调查报告用以陈述事实,反映问题,提出意见和建议,总结经验教训,提供改进办法,为企事业单位决策提供参考。文化产业项目调查报告,是针对文化产业领域某一事件、某一问题、某种情况,通过科学深入的调查研究,对客观存在的现实状况进行描述与分析,并形诸文字的一种书面报告。文化产业项目调查报告侧重于文化项目市场运行情况的调查,根据调查结论,为文化产业项目的决策者提供参考,从而决定某文化产业项目的立项、撤销或调整。

二、调查方法

选择合适的调查方法，在一定程度上能给我们的文化产业项目调查工作带来便利，有助于形成科学的调查结论。调查方法很多，选择调查方法要考虑多方面的因素，如调查对象的特殊性、调查内容的涉及领域、调查时间的限制等。调查人可根据具体情况，综合运用多种调查方法，或在调查过程中选择一种或同时使用多种调查方法。

在这里介绍几种较为常见的调查方法。

实地观察法。实地观察法指调查者在实地通过观察获得直接的、生动的感性认识和真实可靠的第一手资料的方法。因该法所观察到的往往是事物的表面现象或外部联系，带有一定的偶然性，且受调查者主观因素影响较大，故此方法不能用于进行大样本观察，需结合其他调查方法一起使用。该方法通常适用于对那些不能够、不需要或不愿意进行语言交流的情况进行调查。

访谈调查法。该法是比实地观察法更深一层次的调查方法，它能获得更多、更有价值的信息，适用于调查的问题比较深入，调查的对象差别较大，调查的样本较小，调查的场所不易接近等情况。该方法包括个别访谈法、集体访谈法、电话访谈法等。受访谈标准不一，其结果难以进行定量研究，且访谈过程耗时长、成本较高、隐秘性差、受周围环境影响大等因素影响，该方法难以大规模实施。

会议调查法。这种方法是访谈调查法的扩展和延伸，通过邀请若干调查对象以座谈会形式来搜集资料、分析和研究社会问题。因其简便易行，故在调查研究工作中比较常用。该方法最突出的优点是效率高，可以较快地了解到比较详细、可靠的社会信息，节省人力和时间。但这种方法不能完全排除被调查者受社会心理因素影响这一劣势，其调查结论往往难以全面反映真实客观的情况。且受时间条件的限制，访谈调查法很难做到深入细致，从而导致调查的结论和质量受到影响。

问卷调查法。问卷调查即间接的书面访问，该方法最大的优点是能突破时空的限制，在大范围内，对众多的调查对象同时进行调查。这种方法既适用于较大样本的调查，也适用于时间紧迫、相对简单的调查。该方法要求被调查对象应有一定文字理解能力和表达能力。由于问卷调查法只能获得书面的社会信息,而不能了解到生动、具体的社会情况,因此该方法不能代替实地观察,不适用于对那些新事物、新情况、新问题的研究。

专家调查法。这是一种预测方法,即以专家作为索取信息的对象,依靠其知识和经验,通过调查研究,对问题作出判断和评估。该方法最大的优点是简便直观,特别适用于缺少信息资料和历史数据,而又较多地受到社会的、政治的、人为的因素影响的信息分析与预测课题。该方法广泛应用于对某一方案作出评价,或对若干个备选方案进行评比,选出最优者;对达到某一目标的条件、途径、手段及它们的相对重要程度作出评估等。

抽样调查法。该方法强调按照一定方式,从调查总体中抽取部分样本进行调查,并用所得结果说明总体情况。它最大的优点是节约人力、物力和财力,能在较短的时间内取得相对准确的调查结果,具有较强的时效性。因组织全面调查范围广、耗时长、难度大,故人们常采用抽样调查的方法进行检查和验证。

典型调查法。典型调查法指在特定范围内选出具有代表性的特定对象进行调查研究,借以认识同类事物的发展变化规律及本质的一种方法。在调查样本太大时,可以采用此种方法。但必须注意对象的选择,要准确地选择对总体情况比较了解、有代表性的对象。①

三、调查的准备

调查具有极强的针对性,是对特定时空范围内某个具体问题的深入了解。为提高报告的准确性,在开展调查报告前,必须要充分做好准备。

首先要确定对象,选择典型。选择的调查对象应具备两个条件:一是典型突出,或者是新生事物,或者至少在某一方面的工作是做得好的,有丰富的创造性经验,或者存在特别突出的问题的对象;二是代表性,有普通的现实意义,即是说所要调查的对象所提供的经验、或提出的问题,正是当前普遍存在

---

① 卢晓平,浙江省杭州市富阳区委组织部 http://www.360doc.com/content/17/0728/20/1233981_674866379.shtml。

的需要解决而又尚未解决或未完全解决的问题;三是精确性,综合考虑调查对象的数量、类型、时空范围,准确圈定调查对象,以利于得出正确的结论。

其次,要充分考虑调查中可能出现的情况和困难。特别是调查样本多、时空跨度大的调查,切不可图方便省事而随意缩小抽样范围,减少访谈时间,减少问卷数量。调查者要克服人际沟通、交通不便等多种障碍,尽可能多地占有第一手资料,切不可道听途说;收集的资料要全面、真实地反映客观存在。

最后,要制定出调查的提纲。根据所要调查的中心内容和围绕这个中心内容的各个具体方面,都要争取弄得一清二楚。马克思为了弄清工人受资本家剥削的情况,在一份《工人调查表》中提出了一百个问题。① 1926年3月,毛泽东担任第6届农民运动讲习所所长。农民运动讲习所开设25门课程,授课4个月,其中有两个星期的时间赶赴海丰实习。在实习中,为培养学生分析问题、解决问题的能力,毛泽东提倡学生从事实际问题的调查研究。他把学生按省份进行划分,组成安徽、江西、湖南等13个农民问题研究会,并拟出36个调查项目,引导学生开始研究实际问题。② 2016年,盐山商务和工业信息化局,在深入企业精准调研的基础上,开展企业调查,成立由分管领导任组长的调研小组,制定详细的调研方案,做好全县重点企业经济运行分析。对重点企业的生产经营、自主品牌建设、资金需求、用工情况、订单情况、税收情况、拖欠工资情况进行分析,并对企业钢材采购、钢材价格浮动进行了全面摸底,形成调研报告,并及时向省、市、县政府及省、市商务部门进行反馈,为领导层决策提供翔实的第一手资料。③

---

① 徐州师范学院中文系写作教研组:《调查报告》,长春:吉林人民出版社,1980年,第6页。
② 徐元鸿:《毛泽东文风》,北京:中央文献出版社,2013年,第53页。
③ 盐山年鉴编纂委员会:《盐山年鉴 2017》,石家庄:河北人民出版社,2018年,第167页。

第二节　调查报告写作规范

一、标题

标题分为三种，第一种为公文式标题，这一类标题由调查主体、调查事由及文种名称组成。第二种为文章式标题，这一类标题能表明调查的主题就行。第三种为双标题，即有正副两个标题，正标题为文章式标题，副标题为公文式标题。这种标题对调查报告的主体、内容及其他方面提到的较多，适用于一些大型的调查报告。

调查报告的标题虽然只有十几个字甚至几个字，但起着提纲挈领、画龙点睛的作用。常见的标题形式有以下四种。

（一）标题标明调查对象和主题

例如，《××炮兵旅抓好野外驻训期间正规化管理的调查》，"××炮兵旅"是调查对象，"野外驻训期间正规化管理"是调查的主题。《预备役部队参加抢险救灾的调查与思考》《对参战归来人员心理健康状况的调查与分析》《对战士课外阅读情况的调查》《对基层忙乱现象的调查与分析》标题也属于这种类型。这类题目的特点是概括力强，主题一目了然，但也存在缺点，即表述比较直白，形式有些呆板。

（二）标题采取判断句式或评价句式

例如，《一个特别能战斗、特别能奉献的集体》《一场发人深省的大讨论》。这类标题的优点是针对性强、比较醒目，缺点是不够具体，所以一般要加上副标题。例如：《以部队人才需求为第一信号——××炮兵学院探索复合型指挥干部培训新路的调查》《向科学技术要战斗力——××汽车团提高运输保障能力的调查》《坚持公开公正公道，加强部队风气建设——步兵××师某团实行"四公开一监督"的做法》。这类标题的特点是前虚后实,主标题突出思想性,副标题体现指向性。

(三)标题采取设问句式

这类标题以提问的形式出现,例如《解决"五多"问题的出路何在?》《形式主义屡禁不止的原因在哪里?》。这类标题多用于揭露问题的调查报告,其特点是鲜明、生动,有很强的吸引力。

(四)标题采用文学式语言

这类标题的主标题有一点文学色彩,生动、醒目、传神,用好了,能产生特殊效果。例如《而今迈步从头越——××军区军以下部队物资采购改革调查》《把最优秀的青年送到部队去——××省军区征兵工作调查》《大有希望的事业——省军区系统扶贫帮困情况调查》《在队帮充电,离队帮解难——××集团军做好军转安置工作的调查》《路在何方——对部队随军家属安置工作的调查与思考》。[①]

二、正文

调查报告的正文和其他类型文章的正文一样,是文章核心所在,正文的写作可以让人清楚地知道文章具体想要表达的调查研究结果是什么。

正文主要由三部分组成,包括前言、正文内容和结论。

1. 前言

前言主要介绍调查报告的具体讲述对象,也就是我们所说的调查对象,然后论述在调查过程中使用了什么调查方法,是基于什么样的调查体验才写出这样的调查报告。当然,这样的调查体验应该要详细交代下具体的调查时间、调查人员数量,以及相关的记录人员是否准确地记录了调查过程中得到的数据,数据整合过程是否加入了主观的倾向。这些如果没有做好,就有可能导致调查报告的结论受到影响。

---

① 马金生:《大型文字材料写作技法详解》,北京:海潮出版社,2010年,第53页。

2. 正文

目前正文部分使用最多的是横式结构。横式结构指根据对调查结果的分析,把主体内容分为若干个方面,每个方面都涉及一个主要问题,用小标题加以标记。这些小标题,在逻辑关系上是并列的。纵式结构则是通过一个个问题的向前推进,然后再一个个地解决问题,不断推理得出最后的结论。这种结构适用于单一的调查报告,如果调查主体的数量较多就不适合采用这样的写作方式。综合式结构则结合上述两个结构的特点,进行有机融合,融合的方式取决于写作者的把控能力。

从实践上来看,文本正文常见的组织方式有按照内容表达的层次组成的框架"情况—成果—问题—建议"式结构,多用于反映基本情况的调查报告;"成果—具体做法—经验"式结构,多用于介绍经验的调查报告;"问题—原因—意见或建议"式结构,多用于揭露问题的调查报告;"事件过程—事件性质结论—处理意见"式结构,多用于揭示案件是非的调查报告。①

3. 结论

多数文章在最后都要点明作者的观点,调查报告也不例外。一份成熟的调查报告应该在结尾处呈现调查者准确的结论,且应该明确而富有逻辑地表达出结论,令读者信服。观点绝不能无中生有,而要从严谨的调查、翔实的数据、缜密的论证中自然而然地形成。只有切合客观实际的观点,才能服务于企业的正确决策。

第三节　调查报告写作技巧

一、观点新颖

调查报告的写作并非文学艺术创作,而是文化产业领域重要应用文体的

---

① 黄靖:《应用文写作基础》,成都:电子科技出版社,2017年,第158页。

写作,考验的是写作者的文字功底、理论基础、方法素养。出色的调查报告写作者,往往受到众多文化产业公司负责人的青睐。在信息化时代,在海量数据中抓取有效信息,获得确切的大量材料,再进行梳理、筛选、分析、归纳,得出结论。此结论要真实可靠,同时具备前瞻性和变现能力。优秀的调查报告,除具有应用文的基本表达技巧外,还要求报告所提供的结论具有新颖性,能给企业经营者带来经济效益。因此,能否提出新颖有价值的观点,是衡量一篇调查报告成功与否的标准。

董春光在《浅析调查报告的写作技巧》中谈到,在"新"字上下功夫,就要努力做到选用的材料新,概括的观点新,总结的经验新,提出的要求新,探索的规律新,使人看了能受到新的启迪[1]。对于文化产业领域调查报告而言,"观点新"尤为重要。我们要在新材料的基础上,探索、总结新经验、新规律,由此概括新观点。在新观点的指引下,提出新要求、新举措,实现行业产业企业的新发展。这样的调查报告注定与众不同,更加具备吸引力。

(一)数据要新

我们的调查报告,要选用最新的数据。只有数据最新,才能最大程度地反映当前存在的新问题。事物总是不断向前发展的,如果我们的调查报告只采用多年前的数据,那我们得出的结论可能不合时宜,调查报告的结论就没有存在的意义。

(二)结论要新

我们写调查报告不是为了重复前人所做的工作,而是为了能够在前人的基础上有所创新,能够在他们的基础上得出一些新的结论,这样才能够为企业决策者提供一些新的启示和参考。当前,消费市场产品迭代频繁,文创产品各领风骚的时期以月计,甚至以日计。我们的结论要有前瞻性,这才是勇立消费市场最前沿的基础。

---

[1] 许静涛:《调查报告的写作技巧》,载《江西教育》,2009年第z5期,第21页。

(三)资料要多

新的数据、新的结论并不必然产生正向作用。创新不是也不能是无中生有,它必须要建立在详尽资料的基础之上。文化产业项目的复杂性,决定了我们不能简单地通过调查数据来得出结论,我们需要针对每个具体的文化产业进行信息整合,收集尽可能多的资料,再进行相应的系统分析,确保得出的结论经得起市场的检验。

二、语言得体

写调查报告的时候,我们应该要明确一个很重要的问题,即调查报告不同于其他类型的应用文章,调查报告的焦点或者说读者最想看到的部分是最后的结论。只有结论好,才能吸引文化产业领域决策者去仔细阅读正文前面的数据,有兴趣探究文章的作者是怎样写这篇调查报告的。因此,调查报告的正文部分崇尚简洁、准确,以达到言简意赅的效果,提升阅读效率。

(一)行文简洁

从篇幅方面来说,调查报告不要写成长篇大论,没有一个企业高管愿意去看长篇累牍的调查过程和冗长的结论报告。优秀的调查报告,应该保持适当的篇幅。根据调查对象、范围和方式的差别,调查报告的篇幅会随之发生变化。在准确表达观点的前提下,调查报告的结论应控制在1000字以内。

从用词方面来说,在写调查报告时,我们应尽量用一些通俗化的语言进行表达,切不可咬文嚼字,也不可以故作深沉。调查报告如果开篇就让读者失去了阅读的兴趣,那么它就很可能是一篇失败的调查报告。

(二)善用修辞

为了使语言表达得更加准确、鲜明、生动,人们在调查报告写作实践中逐步形成了一些固定的修辞方式,即修辞格。正确运用修辞格,可以使调查报告引人入胜。调查报告的常用修辞格主要有以下几种。

比喻:可以增强语言的形象感,把深奥的道理、抽象的问题说得简洁明快、深入浅出,使人容易理解。如把"和平演变"喻为"没硝烟的战争",把知识经济喻为"无声的革命",把"订单"生产比喻为给农民吃上了"定心丸"等。

对偶:可以提高语言的概括力,增加语言的整齐美。如"乡镇企业遭受冷落,民营经济异军突起"。

排比:排比句结构整齐,节奏鲜明,逻辑严密,感情强烈,能起到吸引人、感染人的作用。如"深入到企业中去,深入到农村中去,深入到困难和矛盾比较多的地方去"。

对比:从同一事物的正反方面来说明,或用两个不同的事物进行对比,使好的显得更好,坏的显得更坏,给人留下深刻的印象。如"用好一个人,就可以救活一个企业;用错一个人,就可能搞垮一个企业"。

设问和反问:设问可以引起读者的注意和兴趣,有时可以起到承上启下的作用。如"为什么同样的环境、同样的条件,却出现不同的结果?根本原因就是企业经营机制的不同"。反问句可以加强语气,表达强烈的感情,增强鼓动性和感染力,如"这样的工作作风群众怎么能满意呢?这样的精神状态怎么能担负起加快发展的重任呢?"

(三)结构严谨

初学者在撰写文化产业项目调查报告时,易出现一些问题,主要表现在以下四个方面。第一,调查不深。表现为没有深入开展调查,想当然地去写;论点、论据没有新意;观点落伍,与时代发展现状不符。第二,选题错位。表现为调查对象、调查范围不明确,材料收集不丰富,视野狭窄,从一个单位、一个企业的角度去写,缺乏深度、广度和高度。第三,文不对题。表现为写作时没有掌握一定的理论知识,也不熟悉有关市场情况,抓不住文化产业项目调查报告的重点和特点,写出的东西似汇报材料,又似随想随感,离题太远。第四,以偏概全。有些调查报告提出的问题单一,缺乏全局或大局意识,不能客观地反映现实问题,通常以偏概全。将一些个案或局部的问题说成整个行业存在的问题,影响到调查结论的准确性[①]。

---

① 许贻斌:《调查报告写作技巧谈》,载《哈尔滨职业技术学院学报》,2011年第3期,第67~68页。

解决上述问题,要求我们要确保调查报告文本结构的严谨性。

调查报告一般包括标题、导语、主体、结尾和落款几个部分。

导语,或作"前言""序言",一般用来交代调查的情况或提出全文的引子。或简要介绍调查过程,包括调查的时间、地点、目的、对象、范围、经过、方式等;或概述全文内容,包括调查研究的课题、取得的主要收获和结论;或交代调查课题的由来,还可以交代调查工作的背景。有的则点明主题或提出调查结论,也有调查报告没有明显的导语。

调查报告的焦点是文本的结论部分。文本结论具有新意和变现能力固然重要,但写作者也不能忽视正文的推理过程。正文是全篇的重点,包括主要事实及结论。主体部分通常叙议结合,围绕导语所提出的问题依次展开。内容的安排,可纵式:以小标题形式,按调查顺序或时间先后顺序,或据事情发生、发展、变化过程分阶段逐点写出。可横式:从不同的侧面、角度进行说明,或据内容、性质不同划段等。可纵横式:总体为纵(几个部分连贯),局部为横,或总体为横(分为并列的几个部分),局部为纵;也可以是总体为横,局部有纵有横。有的全文一贯而下,围绕主旨,有层次地展开。调查报告的主体一般有一个基本的"框架"。反映基本情况的调查报告,其主体部分基本结构形式是"情况—成果—问题—建议";介绍典型经验的调查报告,主体部分基本结构形式是"成果—具体做法—经验";揭露问题的调查报告,主体部分的基本结构形式"问题—原因—意见或建议"。①

最后,我们要保证调查报告数据的真实性。我们写调查报告,除了需使用自己获得的第一手材料外,还需要使用其他渠道获得的资料和数据。不准确的数据或不正确地使用数据都可能导致错误的结论产生。为了保证资料的真实性及数据的准确可靠,调查报告应尽量使用来源于政府统计部门官方的、权威的数据。有些数据政府统计部门还没有及时公布,调查报告的撰写者可以通过一些权威的平台来获取,以得出更加科学的结论。

---

① 胡吉省、金喜庆:《形式的意义》,杭州:西泠印社出版社,2019年,第48页。

调查报告案例分析

2019年末,一场突如其来的疫情打破了人们原本平静的生活,为防止新冠疫情的进一步扩散,政府对大家进行了居家隔离,春节期间原本应该熙熙攘攘热闹的大街,却因为商铺纷纷关闭而显得十分冷清。

2020初,新型冠状病毒疫情肆虐虽然给实体经济特别是餐饮企业带来重大影响,但另一些企业逆势生长。截至2020年8月21日,2020年国内共新增注册近9000家企业名称或经营范围含"速冻"的食品相关企业,较上年同比增长28.8%。速冻食品企业数量快速增长的背后隐藏了哪些有价值的商业信息,速冻食品企业怎样继续保持盈利趋势,张俸铭带着这些疑问,对速冻食品企业开展了富有成效的调研,撰写了《新冠肺炎疫情期间速冻食品消费调查报告》[①]。

该报告分为调查背景和目的、设计思路、数据处理分析和行业建议及营销分析四个部分。第一部分明确告诉读者本次调研的时代背景、问题由来和调查目的。第二部分说明了调查的设计思路,即确定调查问题、调查对象、设计调查方案、调查数据分析。在这一部分中,作者就所选择的调查方式进行了论证,论述其调研方式的合理性。第三部分是调查报告全文篇幅最大的部分。写作者围绕数据分析的结果,对速冻食品企业的健康发展提出了建议:根据消费对象的年龄精准投放广告,开发更加丰富的速冻食品种类,开展线上购买优惠活动等。作者详写数据分析,简写行业建议。数据分析越充分,行业建议越可信。第四部分是调查报告的核心,重点陈述了速冻食品企业快速成长的方法,即提高冷链物流配送企业的信息化水平,完善速冻食品品牌都存在的产品结构问题,全方位拓宽销售渠道,以刺激消费者的购买欲望。该结论建立在此前的数据分析和行业建议基础之上,因有可靠的数据论证和令人信服的分析,此部分的结论水到渠成,令人信服。

该调查报告严格遵循写作规范,精心选择调查方法,论证过程严谨得当,数据真实可靠,结论可信,且语言通俗易懂,行文简洁流畅,是一篇高质量的

---

① 张俸铭:《新冠肺炎疫情期间速冻食品消费调查报告》,载《商场现代化》,2021年第1期,第8~10页。

调查报告。

思考练习题：

1. 拟制调查提纲有哪些依据？
2. 请概述优秀调查报告的语言特征？

第七章　文化产业项目可行性研究报告

联合国教科文组织将文化产业定义为，按照工业生产标准，生产、再生产、储存及再分配文化产品和服务的一系列活动。文化产业成为各国、各地区经济社会发展的支柱产业。目前，文化产业已经向着集群化、联动化方向发展。为了充分发挥市场配置资源的基础性作用，确立企业在投资活动中的主体地位，营造有利于公平、有序竞争的市场环境，推动经济协调发展，政府按照"谁投资、谁决策、谁受益、谁承担风险"的原则，改革企业投资项目审批制度，并从2004年下半年开始推行企业投资项目核准制。按照核准制的要求，项目开发者应就开发项目编制项目申请报告，报送项目核准机关申请核准。可行性研究报告是建设项目投资前最重要的报批材料。

文化产业项目可行性研究报告的科学与否，直接影响该项目能否顺利落地，因此我们必须熟练掌握其写作规律。

第一节　文化产业项目可行性研究报告概述

一、定义

项目可行性研究报告是指在项目拟建之前，对与项目有关的市场、资源、工程技术、经济和社会等方面的问题进行分析、论证和评价，以选择最佳项目方案的一种科学的方法。它是通过对项目的主要内容和配套条件,如市场需求、资源供应、建设规模、工艺路线、设备选型、环境影响、资金筹措、盈利能力等,从技术、经济、工程等方面进行调查研究和分析比较,并对项目建成以后可能取得的财务、经济效益及社会影响进行预测,从而提出该项目是否值得投资和如何进行建设的咨询意见,为项目决策提供依据的一种综合性研究报告。[①]

二、文化产业项目可行性研究报告的特点

(一)科学性

可行性研究报告作为研究的书面形式,是对项目的分析和评判,这种分析和评判应该是建立在客观事实基础上的科学结论,所以科学性是可行性研究报告的第一特点。可行性研究报告的科学性首先体现在可行性研究的过程中,即整个过程的每一步都力求客观全面。其次,科学性体现在分析中,即用正确的理论和依据相关政策来研究问题。最后,科学性体现在对可行性研究报告的审批过程中,这种审批过程对科学的决策起到了重要的保障作用。

(二)完备性

一般说来,项目可行性研究报告所包含的内容广泛,所需数据量大,涉及市场前景、资金状况、技术工艺、生产规模、员工素质、环境状况等诸多方面,进行必要性、技术性、可行性等多角度的研究,从而再进行比较、评价。只有详尽完备地进行研究论证之后,报告的"可行性"或"不可行性"才能显现出来。

(三)程序性

可行性研究报告是决策的基础。为保证决策的科学正确,一定要有可行

---

① 杜跃平、段利民:《技术项目评价理论与方法》,西安:西安电子科技大学出版社,2017年,第155页。

性的分析研究过程,收集项目实施各方面资料,进行梳理、比较、分析。按照可行性研究报告的写作规范,按照不同的内容性质而分章分节地逐一说明,形成确定的报告文本。由项目实施主体依照程序逐步报批,最后经过集体议事确定相关的法定程序,确定项目是否可以实施。这些程序性的要求也是可行性研究报告的一大特点。

(四)逻辑性

可行性研究报告编写出来后,需要获取政府部门或企业集团部门的批准,来认定这个项目拟建的可行性,最终确定项目是否立项。换言之,项目可行性研究报告的获批也就是对相关核准部门负责人的成功说服。报告文本如果缺乏逻辑性,论证不够严密,内容杂乱无章,该研究报告结论的可行性必将受到质疑。

(五)严谨性

文化项目可行性研究报告通过分析报告内容各部分之间的逻辑关系判断项目是否可行,需要准确的数据来支撑科学论证。并且,文化产业项目可行性研究报告一般需经过相关政府部门进行审批通过。为此,编写文化产业项目可行性研究报告必须做好充足的准备,报告语言要客观平实,表达要准确清晰,推理要周密,结论更要严谨。

三、文化产业项目可行性研究报告的作用

可行性研究报告是在招商引资、投资合作、政府立项、银行贷款等领域常用的专业文种,主要对项目实施的可能性、有效性、如何实施的相关技术方案及财务效果进行具体、深入、细致的技术论证和经济评价,以求确定一个在技术上合理、经济上合算的最优方案和一份在最佳时机写就的书面报告。可行性研究报告按用途主要分为六种。

一是用于企业融资、对外招商合作的可行性研究报告。这类研究报告通常要求市场分析准确、投资方案合理,并提供竞争分析、营销计划、管理方案、技术研发等实际运作方案。

二是用于国家发展和改革委员会立项的可行性研究报告、项目建议书、项目申请报告。该文件根据《中华人民共和国行政许可法》和《国务院对确需保留的行政审批项目设定行政许可的决定》编写而成,是大型基础设施项目立项的基础性文件。国家发展和改革委员会根据可研报告进行核准、备案或批复,决定某个项目是否实施。另外医药企业在申请相关证书时,也需要编写可行性研究报告。三是用于银行贷款的可行性研究报告。商业银行在贷款前进行风险评估时,需要项目方出具详细的可行性研究报告。对于国家开发银行等国内银行来说,若该报告由甲级资格单位出具,通常不需要再组织对其进行专家评审。部分银行的贷款可行性研究报告虽无资格方面的要求,但要求融资方案合理、分析正确,信息全面。另外银行在申请国家的相关政策支持资金、工商注册时,往往也需要编写可研报告。

四是用于境外投资项目核准的可行性研究报告、项目申请报告。企业对国外矿产资源和其他产业进行投资时,需要编写可行性研究报告或项目申请报告报给国家发展和改革委员会或省发展和改革委员会;需要申请中国进出口银行境外投资重点项目信贷支持时,也需要编写可行性研究报告和项目申请报告。

五是用于企业上市的可行性研究报告。这类可行性报告通常需要具备国家发展和改革委员会的甲级工程咨询资格。

六是用于申请政府资金(国家发展和改革委员会资金、科技部资金、农业农村部资金)的可行性研究报告。这类可行性报告通常需要具备国家发展和改革委员会的甲级工程咨询资格。

在上述六种可行性研究报告中,第二、三、五、六项准入门槛最高,需要编写单位拥有工程咨询资格。该资格由国家发展和改革委员会颁发,分为甲级、乙级、丙级三个等级,甲级最高。①

---

① 王俊:《皖北武术特色小镇建设研究》,长春:吉林人民出版社,2021年,第86~87页。

第二节　文化产业项目可行性研究报告基本框架

文化产业项目可行性研究报告在文本内容上有相对稳定的写作框架，一般约分为13个部分[①]。根据文化产业项目的类型、性质和体量，各部分内容可适当增减。以下对其内容基本框架作简要介绍。

一、文化产业项目总论

总论作为可行性研究报告的首要部分，要综合叙述研究报告中各部分的主要问题和研究结论，并对项目的可行与否提出最终建议，为可行性研究报告的审批者提供最有价值的信息。

(一)文化产业项目概况

1. 项目名称
2. 项目承办单位介绍
3. 项目可行性研究工作承办单位介绍
4. 项目主管部门介绍
5. 项目建设内容、规模、目标
6. 项目建设地点

(二)项目可行性研究报告主要结论

在可行性研究报告中，对项目的产品销售、原料供应、政策保障、技术方案、资金总额及筹措、财务效益、社会效益等重大问题，都应有相关明确的结

[①] 杜跃平、段利民：《技术项目评价理论与方法》，西安：西安电子科技大学出版社，2017年，第158～163页。

论。主要包括项目产品市场前景、项目原料供应问题、项目政策保障问题、项目组织保障问题、项目技术保障问题、项目人力保障问题、项目风险控制问题、项目财务效益结论、项目社会效益结论、项目可行性综合评价。

(三)主要技术经济指标表

在总论部分,可汇总研究报告中各部分的主要技术经济指标,列出主要技术经济指标表,使审批和决策者对项目深入了解。

(四)存在的问题及解决建议

对可行性研究报告中提出的项目主要问题进行说明,并提出解决的建议,比如项目总投资来源及投入问题、项目原料供应及使用问题、项目技术先进性问题等。

二、文化产业项目建设背景、必要性、可行性

这一部分从宏观角度说明项目发起的背景、投资的必要性、投资理由及项目开展的支撑条件等。对于需要政府决策的文化产业项目,该部分内容尤为重要。如果该文化产业项目是国家政策重点支持的产业项目,则立项的可能性将大大增加。对于需要企业管理层决策的文化产业项目,该部分内容则必须对本项目的产业现状、行业现状、价值做充分分析和论证,以利于赢得决策者的肯定。

(一)文化产业项目建设背景

1. 国家产业政策鼓励文化产业行业发展
2. 文化产业项目市场迅速发展
3. 文化产业市场需求强劲
4. ……

(二)文化产业项目建设必要性

1. 优化我国文化产业产品质量

2. 促进我国文化产业结构优化升级

3. 有利于文化产业联动,延长产业链

4. ……

(三)文化产业项目建设可行性

1. 经济可行性

2. 政策可行性

3. 技术可行性

4. 模式可行性

5. 组织和人力资源可行性

三、文化产业项目产品市场分析

市场分析在可行性研究中的重要地位在于,任何一个项目,其生产规模的确定、技术的选择、投资估算甚至厂址的选择等,都必须在对市场需求情况有了充分了解以后才能确定。而且市场分析的结果还可以决定产品的价格、销售收入,最终影响到项目的盈利性和可行性。在可行性研究报告中,要详细研究当前市场现状,以此作为后期研究的依据。

(一)文化产业项目产品市场调查

1. 文化产业项目国际市场调查

2. 文化产业项目国内市场调查

3. 文化产业价格调查

4. 文化产业上游市场调查

5. 文化产业下游市场调查

6. 文化产业竞争市场调查

(二)文化产业项目产品市场预测

市场预测是市场调查在时间上和空间上的延续,是利用市场调查得到的信息资料及分析报告的结论,对未来市场需求及相关因素所进行的定量与定性的分析。在可行性研究中,市场预测的结论是制定产品方案、确定项目建设所必需的依据。

1. 文化产业项目产品国际市场预测

2. 文化产业项目产品国内市场预测

3. 文化产业项目产品价格预测

4. 文化产业项目产品上游市场预测

5. 文化产业项目产品下游市场预测

6. 文化产业项目产品发展前景综述

四、文化产业项目产品规划方案

文化产业项目的核心在于产品。在前期产品市场分析基础上,该项目所推出产品的类型、性质、规格、用途、功能、销售方案等,在本部分要作具体的分析说明,以便于读者能清晰地掌握产品的信息,为决策者提供最直接的证据。

(一)文化产业项目产品产能规划方案

(二)文化产业项目产品工艺规划方案

1. 工艺设备选型

2. 工艺说明

3. 工艺流程

(三)文化产业项目产品营销规划方案

1. 营销战略规划

2. 营销模式

(1)投资者分成。

(2)企业自销。

(3)国家部分收购。

(4)经销人情况分析。

3.促销策略

……

五、文化产业项目建设地与土建总规

部分文化产业项目涉及占地和土建工程,按照《中华人民共和国土地管理法》(2019年)规定,使用土地的单位和个人必须严格按照土地利用总体规划确定的用途使用土地。文化产业项目业主必须按《中华人民共和国土地管理法》的规定,将建设用地位置、面积、用途等情况做具体报告,这是文化产业项目合法性论证的必要环节。

(一)文化产业项目建设地

1.文化产业项目建设地地理位置

2.文化产业项目建设地自然情况

3.文化产业项目建设地资源情况

4.文化产业项目建设地经济情况

5.文化产业项目建设地人口情况

6.文化产业项目建设地交通运输情况

(二)文化产业项目土建总规

1.项目厂址及厂房建设

(1)厂址。

(2)厂房建设内容。

(3)厂房建设造价。

2.土建规划总平面布置图

3.场内外运输

(1)场外运输量及运输方式。

(2)场内运输量及运输方式。

(3)场内运输设施及设备。

4.项目土建及配套工程

(1)项目占地。

(2)项目土建及配套工程内容。

5.项目土建及配套工程造价

6.项目其他辅助工程

(1)供水工程。

(2)供电工程。

(3)供暖工程。

(4)通信工程。

(5)其他。

六、文化产业项目环保、节能与劳动安全方案

在项目建设中,必须贯彻执行国家有关环境保护、能源节约和职业安全卫生方面的法规、法律,对项目可能对环境造成的近期和远期的影响,对影响劳动者健康和安全的因素,都要在可行性研究阶段进行分析,提出防治措施,并对其进行评价,推荐技术可行、经济,且布局合理,对环境的影响较小的最佳方案。按照国家现行规定,凡对环境有影响的建设项目都必须执行环境影响报告书的审批制度,同时在可行性研究报告中,对于环境保护和劳动安全要有专门论述。

(一)文化产业项目环境保护方案

1.项目环境保护方案设计依据

2.项目环境保护措施

3.项目环境保护评价

(二)文化产业项目资源利用及能耗分析

1.项目资源利用及能耗标准

2.项目资源利用及能耗分析

(三)文化产业项目节能方案

1.项目节能方案设计依据

2.项目节能分析

(四)文化产业项目消防方案

1.项目消防方案设计依据
2.项目消防措施
3.火灾报警系统
4.灭火系统
5.消防知识教育

(五)文化产业项目劳动安全卫生方案

1.项目劳动安全卫生方案设计依据
2.项目劳动安全卫生措施

七、文化产业项目组织和劳动定员

在可行性研究报告中,根据项目规模、项目组成和工艺流程,研究确定相应的企业组织机构,劳动定员总数与劳动力来源及相应的人员培训计划。该部分内容是财务分析评价的基础,与项目运行管理、产品规划方案等内容在逻辑上紧密关联,要注意前后内容的呼应和互洽。

(一)文化产业项目组织

1.组织形式
2.工作制度

(二)文化产业项目劳动定员和人员培训

1.劳动定员
2.年总工资和职工年平均工资估算
3.人员培训

八、文化产业项目实施进度安排

项目实施时期的进度安排也是可行性研究报告中的一个重要组成部分。

项目实施时期亦可称为投资时间,是指从正式确定建设项目到项目达到正常生产这段时间。这一时期包括项目实施准备、资金筹集安排、勘察设计和设备订货、施工准备、施工和生产准备、试运转、竣工验收和交付使用等各工作阶段。这些阶段的各项投资活动和各个工作环节,有些是相互影响、前后紧密衔接的,也有些是同时开展、相互交叉进行的。因此,在可行性研究阶段,需将项目实施时期各个阶段的各个工作环节进行统一规划,综合平衡,作出合理又切实可行的安排。

(一)文化产业项目实施的各阶段

1. 建立项目实施管理机构
2. 资金筹集安排
3. 技术获得与转让
4. 勘察设计和设备订货
5. 施工准备
6. 施工和生产准备
7. 竣工验收

(二)文化产业项目实施进度表

(三)文化产业项目实施费用

1. 建设单位管理费
2. 生产筹备费
3. 职工培训费
4. 办公和生活家具购置费
5. 其他应支出的费用

九、文化产业项目财务评价分析

文化产业项目财务评价分析是研究报告的重点内容之一,它直接体现资本的增值能力、盈利模式、利益结构及成本投入。从市场经济的角度来看,文化产业项目的可行性取决于财务评价分析。因此,财务评价分析必须要告诉决策者该项目的投资额度、资金来源、经费使用、成本投入、财务管理及利润等的情况。

(一)文化产业项目总投资估算

(二)文化产业项目资金筹措

一个建设项目所需要的投资资金,可以从多个来源渠道获得。项目可行性研究阶段,资金筹措工作是对建设项目固定资产投资估算和流动资金估算的结果,研究资金的来源渠道和筹措方式,从中选择条件优惠的资金。可行性研究报告中,应对每一种渠道的资金及其筹措方式逐一进行论述。并附有必要的计算表格和附件。可行性研究报告中,应对资金来源、项目筹资方案加以说明。

(三)文化产业项目投资使用计划

1. 投资使用计划
2. 借款偿还计划

(四)项目财务评价说明

(五)文化产业项目总成本费用估算

1. 直接成本
2. 工资及福利费用
3. 折旧及摊销
4. 工资及福利费用
5. 修理费
6. 财务费用
7. 其他费用

(六)销售收入、销售税金及附加和增值税估算

(七)损益及利润分配估算

(八)现金流估算

十、文化产业项目不确定性分析

在对建设项目进行评价时,所采用的数据部分来自预测和估算。由于资料和信息的有限性,将来的实际情况可能与此有出入,这会给项目投资决策带来风险。为避免或尽可能地减少风险,就要分析不确定性因素对项目经济评价指标的影响,以确定项目的可靠性,这就是不确定性分析。

根据分析内容和侧重面的不同,不确定性分析可分为盈亏平衡分析、敏感性分析和概率分析。在可行性研究中,一般要进行盈亏平衡分析、敏感性分析和概率分析,可视项目具体情况而定。

十一、项目财务效益、经济和社会效益评价

在建设项目的技术路线确定以后,必须对不同的方案进行财务、经济效益评价,判断项目在经济上是否可行,并比选出优秀方案。本部分的评价结论是建议方案取舍的主要依据之一,也是对建设项目进行投资决策的重要依据。本部分需就可行性研究报告中财务、经济与社会效益评价的主要内容作出说明。

十二、项目风险分析及风险防控

对于初次接触文化产业项目可行性研究报告的写作者而言,此部分内容往往不受到重视。然而,文化产业项目的决策者却非常重视投资可能存在的各种风险的分析。全面开展风险分析、精心制定风险防控措施,是资本得以保全、增值的安全保障。为此,写作者要慎重编写本部分内容,切不可掉以轻心。

1. 建设风险分析及防控措施

2. 法律政策风险及防控措施

3. 市场风险及防控措施

4. 筹资风险及防控措施

5. 其他相关风险及防控措施

十三、项目可行性研究结论与建议

(一)结论与建议

根据前面各部分的研究分析结果,对项目在技术上、经济上进行全面的评价,对建设方案进行总结,提出结论性意见和建议。主要内容包括以下几点。

1. 对推荐的拟建方案、建设条件、产品方案、工艺技术、经济效益、社会效益、环境影响的结论性意见

2. 对主要的对比方案进行说明

3. 对可行性研究中尚未解决的主要问题提出解决办法和建议

4. 对应修改的主要问题进行说明,提出修改意见

5. 对不可行的项目,提出不可行的主要问题及处理意见

6. 可行性研究中主要争议问题的结论

(二)附件

凡属于项目可行性研究范围,但在研究报告以外单独成册的文件,均需列为可行性研究报告的附件,所列附件应注明名称、日期、编号等信息。

(三)附图

第三节 文化产业项目可行性研究报告写作技巧

一、写作原则

(一)科学性原则

可行性研究报告事关拟建项目的成败,确保内容的科学性是首要原则。因此在编写报告之前,必须充分做好准备工作,明确拟建项目的目标,坚持理论联系实际,具体问题具体分析。从研究对象的实际出发,通过调查研究、认真分析,最终形成科学的结论。

(二)客观性原则

客观性原则是指在准备可行性研究报告的研究资料时,要秉持客观公正的态度,不能主观臆断,杜撰造假。同时,要求语言准确平实、清楚明确,不能含混不清、模棱两可。

(三)实效性原则

实效性原则是指文化产业项目可行性研究报告写作要为一定的文化产业项目拟建目的服务,不能华而不实,片面追求报告内容的语言华丽;内容切忌空洞、模式化,要尊重实际,力求产生实际效果。

(四)原创性原则

新颖独特、富有创造性是文化项目可行性研究报告的一项重要要求。要做到原创性,首先,写作者需要具备丰富的知识及独特的想象力,这是原创性原则的基本要求;其次,写作者要学会抓住拟建项目的创新点,让编写的可行性研究报告具有亮点。

二、编制过程

(一)明确编写任务

李开孟在《我国投资项目可行性研究 60 年的回顾和展望》中提出,"国家明确了可行性研究报告编写和评估工作属于智力型服务行业的工作,其任务是运用多学科知识和经验、现代科学技术和管理方法,遵循独立、科学、公正的原则,为政府部门和投资者对经济建设和工程项目的投资决策与实施提供咨询服务,以提高宏观和微观经济效益"。[①] 可行性研究报告编写要遵循时代的发展规律,符合政府的政策导向,产生一定的经济效益和社会效益。编写项目可行性研究报告要求编写者具备一定的专业能力,做好充足的准备工作,突出报告主题,切忌内容空洞,搞形式主义,让审批者认为该报告没有可行性。

(二)掌握形势政策

编写可行性研究报告的方向如果把握不准,进入误区,可能会导致项目审批不通过,比如编写的项目不符合政府审批方向,不符合政府规划政策,经济指标太低,属于限制淘汰领域,缺乏高新技术含量,建设内容不够清晰或者商业模式传统落后、高污染高能耗等。项目可行性研究报告的审批者是政府部门或企业集团部门,报告的内容必须回答好政府或集团关心的问题。

(三)构建内容体系

可行性研究报告的内容要完整,各部分的先后顺序要按照逻辑体系进行安排,一般要有总论、背景、政策依据、环境因素、项目规划、建设内容、项目财务预算、投资方背景及资源、市场技术运营的可行性、社会效益和社会贡献、

---

① 李开孟:《我国投资项目可行性研究 60 年的回顾和展望》,载《技术经济》,2009 年第 9 期,第 67 页。

结论等部分,陈述要重点突出、详略得当。

(四)资料采集与应用

编制可行性研究报告需要大量的、准确的、有用的信息资料作为支持。在可行性研究工作中,需收集、积累、整理、分析以下重要资料:市场分析资料、产业发展环境资源条件资料、区域的规划资料、场址条件资料、环境条件资料、财政税收资料、金融与投资资料等。信息资料的收集与应用要达到三个方面的要求。

(1)充足性要求,即信息资料的广度和数量应满足论证的需要。

(2)可靠性要求,即对信息资料的来源和真伪进行辨识,以保证可行性研究报告结论准确可靠。

(3)时效性要求,即对信息资料发布的时间、时段进行辨识,以保证可行性研究报告结论,特别是有关预测结论的时效性。

三、写作要求

(一)报告依据要充分准确,具有说服力和权威性

编制一份高质量的项目可行性研究报告,需要做大量的基础性工作,需要全面搜集与项目相关的、可靠的、有效的资料,如国家宏观政策、经济社会发展规划、建设条件、行业规范等,作为编制可行性研究报告的依据。基础工作是否认真做得细致,搜集的资料是否完整可靠,直接关系到可行性研究报告的质量。

(二)报告内容要完整,能够满足科学决策的需要

报告内容完整不等于长篇大论,报告内容的完整性表现为它呈现了所要拟建项目的要点,具有可行性,通过分析各部分之间的逻辑关系得出项目可行的结论。项目可行性研究报告结构虽然看上去比较庞杂,但是大体上主要从五个方面论证项目的可行性。

(1)政策可行:主要根据有关的产业政策、行业现状及趋势,论证项目投

资建设的必要性。

（2）市场可行：主要根据市场调查及预测判断，指出项目的市场发展潜力。

（3）方案可行：主要从项目实施的设计、技术和施工角度，指出项目落地的可行性。

（4）环境可行：主要从环保角度，阐述项目满足环保需求。

（5）经济可行：主要从财务角度，预测项目满足经济需求。

这五个方面的可行性论证是一个从宏观到微观的论证过程，也是一个从定性到定量的论证过程。项目审批人员一般是按照这个逻辑来审项目的，优秀的报告一般能从文中看到清晰的论证递进关系。

(三)报告框架应根据项目类型有所侧重

对于不同类别、不同经济用途的建设项目，在编制可行性研究报告中所使用的框架也是不同的。因为项目类别不同、目的不同，项目编制的侧重点也不一样。对于不同类型的建设项目，如文化创意园、旅游项目等，它们的资金构成、资金使用途径等也不尽相同。在编写项目可行性研究报告的时候，不能只顾套用模板，而应该对项目的重点内容进行突出设计，这样才能确保研究报告的完整性，增强其可操作性。

(四)确保结论可信

可行性研究报告涉及的内容及反映情况的数据，必须绝对真实可靠，不允许有任何偏差及失误。其中所运用的资料、数据都要经过反复核实，以确保内容的真实性。可行性研究是投资决策前的工作，它是在事件没有发生之前所进行的研究，是对事件未来发展的情况、可能遇到的问题和结果的估计，具有预测性。因此，必须进行深入的调查研究，充分地收集资料，运用切合实际的预测方法，科学地预测项目未来前景。严密论证是可行性研究报告的基本要求，必须运用系统的分析方法，围绕影响项目的各种因素进行全面、系统的分析。可行性研究报告既要做宏观的分析，又要做微观的论证，确保内容可信，具有说服力。

文化产业项目可行性研究报告案例分析

以《＊＊＊省级旅游度假区建设项目可行性研究报告》为例,其内容框架如下:

一、总论

二、项目背景及必要性

三、项目选址与建设条件

四、旅游资源分析与评价

五、客源市场分析与定位

六、总体定位与建设方案

七、配套工程建设方案

八、环境保护及防灾减灾方案

九、组织管理与建设进度安排

十、投资估算与资金筹措

十一、财务分析评价与风险评估

十二、防范与降低风险举措

十三、社会评价

十四、结论

该项目可行性研究报告标题简洁明了,使人一目了然,能概括出文章所要传达的信息。类似的标题还有《生活垃圾焚烧发电项目可行性研究报告》《××旅游度假区建设项目可行性研究报告》《××文化创意产业园项目可行性研究报告》等。

该报告正文内容层次清晰,要素完整。为做到这一点,初学者需要撰写提纲,这是大部分写作者理清思路的一个重要手段。在编写项目可行性研究报告时,我们可以在了解项目的基本情况和相关资料后撰写提纲,为下一步写作做准备。

正文内容需要突出重点,围绕某一具体项目,简述项目提出的背景、项目技术状况,现有产业规模,项目的主要用途、性能,投资的必要性和预期经济效益,该项目实施方所具备的优势、技术可行性分析等。

编写可行性研究报告须严谨,既要注意内容完整、前后衔接,又要突出重点,做到结论客观准确。

思考练习题:

1. 根据某拟立项文化产业项目,试分析该项目定位并撰写可行性研究报告提纲。

2. 编制文化产业项目可行性研究报告应该注意哪些问题?

第八章　文化产业项目策划书

文化产业项目策划书是文化产业项目所有活动的行动指南,使项目工作有了明确的目标和运作的具体步骤,可以协调各项目组统一行动,使项目有条不紊地进行下去。任何一个文化产业项目,通过阅读该文化产业项目策划书就能清楚地了解项目开发者的意图及项目是如何开发的。简而言之,文化产业项目策划书就是回答这个项目"为什么做""做什么""怎么做"的问题。

第一节　文化产业项目策划书概述

一、文化产业项目策划书的含义及作用

(一)文化产业项目策划书的含义

一个文化产业项目从创意到落地需要项目策划书的支持。文化产业项目策划书又叫文化产业项目策划方案,是将文化产业项目策划人的创意思想和创意理念转化成一种具体的、有形的、看得见的物质载体。项目策划书是文化产业项目策划工作的进一步深化、升华和文字化,是文化产业项目策划人为实现企业文化项目策划目标的行动指南和行动方案[①]。

[①] 陆耿:《文化产业项目策划与实务》,合肥:中国科学技术大学出版社,2013年。

(二)文化产业项目策划书的作用

1. 反映项目策划的内容

文化产业项目策划书是文化产业项目的书面表现形式,可以准确反映文化产业项目内容信息。写作文化产业项目策划书是推进文化产业项目建设的第一个步骤,它的成功与否,直接影响着整个文化产业项目的成败。

2. 说服企业领导层的手段

文化产业项目从理论成为现实需要经过企业领导层的把关,项目策划书能很好地发挥展示窗口的作用,成为使企业领导层信服与认可的工具。为了使企业领导层认可这一项目,策划书的写作者要有较强的文字表达能力。

3. 推进项目实施的依据

文化产业项目策划书不但包括项目战略和项目策略,还包括落实这些战略和策略的具体行动方案、企业文化项目活动的具体安排。因此,文化产业项目策划书作为企业实施文化项目策划方案的依据,能增强文化产业项目职能部门操作过程中行动的准确性和可控性。同时,策划书中的文化项目目标还是策划方案实施以后测评策划实施效果的依据。

二、文化产业项目策划书的种类

(一)按策划对象及应用范围划分

1. 项目策划书——策划型

文化产业项目策划书是为公司尚未推出的产品、服务、产品线或品牌实现一定的市场目标而做的全盘文化项目计划。在项目启动之前,制定一份完美的新产品(项目)策划书是有必要的。即使这个阶段的一些市场信息不是很明确,但策划公司仍需在投入大量资源之前尽早做出筹划,以提高企业投入文化项目资源的有效性、竞争性。

2. 项目诊断书——诊断型

企业在运营活动中不可避免地会出现各种问题,有了问题就要找出症结所在,提出改进的对策和方法,这就是文化产业项目策划中项目诊断书需要解决的问题。项目诊断书通过分析调查企业经营的实际状况,发现运营中存在的问题,然后运用科学的方法,有针对性地进行分析,找出问题产生的原因,提出切实可行的改进方案,从而调整行动方向,以最小的成本实现企业目标。

3. 项目计划书——计划型

文化产业项目计划书是企业提前对下一年的文化产业项目工作所做的规划。年度计划书需要经过企业市场管理人员的正式审核、批准才能通过,一般为当年年底拟定,一年拟定一次。

(二)按照策划书呈报对象划分

按照策划书呈报对象划分,可把文化产业项目策划书分为内部文化产业项目策划书和外部文化产业项目策划书两大类。其中,每一大类中又可按照具体内容细分出许多主题不同的策划书,如市场调研策划书、产品策划书和促销策划书等。

内部文化项目策划书是指呈报给企业的各级领导,供其作为决策依据的策划书。内部文化项目策划书包括项目策划实施方面的人际关系对策、相关组织与团体对策,策划实施中的资金对策、传播媒介关系对策、障碍因素及消除对策,与策划实施有关的政府机构对策,以及有关的法律问题等内容。

外部文化产业项目策划书是指呈报给企业的客户或经营伙伴等与企业经营相关的个人、组织或机构的策划书。该类策划书从客户的立场和视角出发,强调策划给受众带来的利益。

第二节　文化产业项目策划书基本要素和结构

文化产业项目策划书的结构格式不是一成不变的,它是根据不同的产品和项目结构变化的。但是,从文化产业项目策划活动的一般规律来看,文化产业项目策划书有一些要素是基本相同的。对于文化产业项目策划书中所包含的要素,学术界中流行的是以下两种观点。

(1)"5W1H"观点。5W1H：What，Who，Where，When，Why，How。其具体内容是：

What(什么)——策划的目标、内容；

Who(谁)——策划的相关人员；

Where(何处)——策划的场所和地点；

When(何时)——策划的时间和日程计划；

Why(为什么)——策划的原因；

How(怎么样)——策划是如何运行的。

(2)"5W3H"观点。它是对第一种观点的继承和延续,增加了另外两个H：How much 和 How feel。这种观点反映了策划界对策划活动更深层次的理解。

What(什么)——策划的目标、内容；

Who(谁)——策划的相关人员；

Where(何处)——策划的场所和地点；

When(何时)——策划的时间和日程计划；

Why(为什么)——策划的原因；

How(怎么样)——策划是如何运行的；

How much(多少)——策划的总体预算和融资；

How feel(感觉怎么样)——预测策划的结果和效益。

二、文化产业项目策划书的基本结构

一般情况下,文化产业项目策划书由以下几个方面组成:封面、前言、目录、概要、项目目的、环境分析、SWOT 分析、项目战略、项目战术、行动方案、项目预算、项目控制、结束语、附录。

1. 封面

封面就是文化产业项目策划书的脸面,一份封面设计精美的策划书给人的第一印象很关键。项目策划书有一个美观的封面,可以吸引人、打动人,促使人们进一步去了解策划书的内容。

封面的字体、颜色、大小等细节,要根据项目的定位、具体内容和特色进行针对性的设计。封面可以起到装饰、美化策划书,清晰地表明策划的主题,传达策划书的内容,表述在正文中不宜表达的内容等作用。封面设计的原则是醒目、整洁,切忌花哨,不宜繁琐。

封面中还需要包含以下信息。

(1)委托方。如果策划书是受某一公司或单位委托编写的,则需在封面上把委托方的名称列出来,如××公司项目策划书。

(2)标题。标题简单明了,直接切入内容,如××项目策划书。

(3)策划组成员。策划组成员写两三个主要人员名字即可。如果策划者是公司,则需列出企业全称。

(4)日期。日期以正式提交的日期为准,如××年××月××日。

2. 前言

前言又叫引言,它以简要的文字介绍项目的内容,是对项目内容的高度概括和表述。人们可以通过前言的内容,对项目形成初步的认识。前言文字不宜过长,尽量控制在 1000 字以内。前言的具体内容如下。

(1)策划背景。简单论述文化产业项目策划的基本情况。

(2)策划原因。将策划的重要性和必要性表达清楚,以吸引读者进一步阅读正文。

(3)策划目的。包括策划的直接目的及策划实施后想要达到的理想状态。

(4)内容简介。包括策划及策划书的特色、策划过程的概略介绍、参加人员的情况等。

3. 目录

读者通过目录可以对项目策划书的框架结构一目了然。在项目策划书中,内容页码要与目录中的页码保持一致,方便读者快速查询具体内容。在目录编制过程中,我们可以使用 Word 文档的"自动生成目录"功能,快速、准确地生成目录,并可根据正文内容的变化,自动调整目录,以实现目录和正文内容的精准对应。

4. 概要

概要是对文化产业项目策划书内容进行总结性的概括。通过概要,读者可以了解整个项目策划书的思路意图和观点。概要宜简不宜繁,在起草概要时,我们要做到以下几点:①准确选择写作顺序;②提纲挈领,勾画出策划书的骨架;③适当地运用图表将策划书内容展示出来。

5. 项目目的

项目部分主要目的是对文化产业项目策划所要实现的目标进行全面描述,它是文化产业项目策划活动的原因和动力。

6. 环境分析

文化产业项目策划书中的环境分析是整个策划书中比较重要的部分之一,是整个策划的依据和基础。环境分析中的宏观环境分析可称作 PESTEL 分析,是分析宏观环境的有效工具。PESTEL 的每一个字母代表一个因素,共包含下列六个因素。

(1)政治因素(Political):是指对组织经营活动具有实际与潜在影响的政治力量和有关的政策、法律及法规等因素。

(2)经济因素(Economic):是指组织外部的经济结构、产业布局、资源状况、经济发展水平及未来的经济走势等因素。

(3)社会文化因素(Social cultural):是指组织所在社会中成员的历史发展、文化传统、价值观念、教育水平及风俗习惯等因素。

(4)技术因素(Technological):技术因素不仅仅包括那些引起革命性变化的发明,还包括与企业生产有关的新技术、新工艺、新材料的出现和发展趋势及应用前景。

(5)环境因素(Environmental):一个组织的活动、产品或服务中能与环境发生相互作用的因素。

(6)法律因素(Legal):组织外部的法律、法规、司法状况和公民法律意识所组成的综合系统。①

在策划书的写作中,将以上六个因素考虑进去,就是对整个项目宏观环境因素的分析。除了以上 PESTEL 分析之外,环境分析还包括下面几部分内容。①市场状况:列举出近三年来,市场上同类项目的数据并进行对比,得出分析结果。②竞争状况:了解市场上存在的项目竞争对手,并逐项描述它们的规模、目标、市场份额、质量、文化产业项目战略或其他内容,从而恰如其分地了解它们的意图和行为。③分销状况:了解项目各渠道的销售情况和各渠道的地位轻重情况。

环境分析最重要的一点就是准确性,列举的数据和事实要有条理,分析要符合客观实际,不能主观臆断。为了达到这样的目标,策划书拟制者往往要收集大量资料,但所收集的资料并不一定都要放到策划书的环境分析中去,可以在附录中注明参考资料和官方数据信息,以提升结论的可信度。

7. SWOT 分析

SWOT 分析是对企业内部环境的优势(strengths)、劣势(weakness),外部环境的机会(opportunities)、威胁(threats)的全面评估。此分析与环境分析是一个整体,它是在环境分析的基础上,找出企业真正的问题与潜力所在,为后面的方案制定打下基础。

在 SWOT 分析过程中,策划书同时对企业的优势与劣势、机会与威胁进行综合考量,深入分析企业的优势和机会,准确发现企业发展面临的问题、困难和机遇。在此基础上,确定企业的定位、发展战略和目标,谋划企业中长期

---

① 项勇、卢立宇、徐姣姣:《建设工程项目投资与融资》,北京:机械工业出版社,2020 年,第 49 页。

发展蓝图,完善企业发展的顶层设计。

SWOT 分析的主要内容如下。

(1)机会/威胁分析。外部环境——归纳出企业面临的机会与威胁。

(2)优势/劣势分析。内部环境——归纳出企业面临的优势与劣势。

(3)综合分析。根据以上分析确定企业需注意的主要问题和发展潜力。

8. 项目战略

文化产业项目战略分为三个部分内容:市场细分、目标市场和市场定位。

(1)市场细分。所谓市场细分,又称市场区隔、市场分片、市场分割,是指营销者通过市场调研,依据购买者需求(如需求、欲望、购买习惯和购买行为等)方面的差异,把某一产品的市场整体划分为若干个消费者群的市场分类过程。每一个消费者群就是一个细分市场,亦称子市场、分市场、亚市场或市场部分。每一个细分市场都由具有类似需求倾向的消费者构成,所有细分市场的总和便是整个市场。

(2)目标市场。目标市场与市场细分既有联系,又有区别。目标市场是根据市场细分标准选择一个或一个以上的细分市场作为企业进入并占领的市场。它不仅是企业营销活动所要迎合的市场,也是企业为实现预期目标而要努力进入的市场。可见,企业选择目标市场是在市场细分的基础上进行的。

(3)市场定位。市场定位是指企业根据目标市场上同类产品市场竞争状况,针对顾客对该类产品不同特性的重视程度的差异与需求状况,并结合企业现有条件与产品在市场上所处的位置,为自己的产品塑造既能使消费者明确知晓,又能很好地与竞争者的产品区别开来的特定品牌形象,进而通过特定的营销模式让顾客接受该产品,以确定本企业及其产品在目标市场的定位。①

9. 项目战术

在确定文化产业项目目标、目标市场和市场定位之后,就需要在各个细

---

① 陈建作:《大学生创新与创业基础》,北京:北京理工大学出版社,2021年,第147~151页。

分市场中采取有针对性的文化产业项目策略,即企业根据文化产业项目目标与资源状况,针对目标市场对自己可控制的各种文化产业项目因素(产品、价格、渠道、促销)进行优化组合。项目战术的制定,要综合考虑各种文化产业项目的影响因素。

(1)产品策略。包括阐述产品体系、品牌体系、品牌管理、包装体系、包装设计等内容。

(2)价格策略。包括阐述定价原则、定价方法、价格体系、调价体系等内容。

(3)渠道策略。包括阐述渠道建设指导方针、渠道开发步骤、渠道网络构架、渠道激励措施等内容。

(4)促销策略。包括阐述人员推销、广告、文化项目推广、公共关系运行的方式方法。

10. 行动方案

文化产业项目在实施中,将各种文化产业项目策略落实到具体的行动中,需要行动方案的支持。文化产业项目行动方案要明确工作要求、任务分工、责任主体、完成时限,落实好时间、地点、场地、道具、经费、活动程序等具体细节。

行动方案的设计思路主要有两个部分。第一部分是组织机构。列明实施策划方案的组织机构,详细写出各个机构需要承担的相应职责与任务。对于专项的大型文化产业项目活动,企业一般要成立临时的专门机构来实施文化产业项目方案。对于常规的文化产业项目活动,企业指定相关部门负责落实方案。第二部分是项目行动程序安排。将行动的各个事项及事项负责人一一列出来,集中展示项目行动时空安排和序时进度。在这一过程中,可以利用程序框图来反映整个项目行动方案,使其程序化、清晰化。

11. 项目预算

文化产业项目预算最常用的方法是"作业项目估计法",即按策划确定的作业项目列出细目,计算出所需经费,以做到计划准确、预算科学、开支清晰。文化产业项目预算,一般用表格方式呈现,列出总目和分目的支出内容。根据需要,文化产业项目还要列出估算的收入和利润。

12. 项目控制

文化产业项目控制主要说明项目的过程管理,包括序时进度管理、质量管理、目标管理和应急管理等内容。

序时进度管理。在文化产业项目实施过程中,根据行动方案所确定的项目任务、范围、计划和要求,定期开展项目调度,组织各责任主体协调配合,按时推进工作。质量管理。加强项目实施的监督和检查,确保项目实施的质量达到行动方案所设定的标准。目标管理。根据项目实际绩效和项目目标之间的差距采取纠偏措施等,包括对质量管理过程中发现问题的整改。应急管理。事先扼要列出可能发生的各种不利情况、发生的概率和危害程度、应急处置预案,对发生的意外事故及时进行处置,消除不利影响。

13. 结束语

结束语应与前言有效衔接,使策划书首尾呼应。

14. 附录

附录指附在策划方案的后面,与正文有关的文章或参考资料,是策划方案的补充说明。此部分并非必需,凡是有助于阅读者对策划内容理解的背景材料都可列入附录。附录资料不宜过多,应突出重点。

第三节 文化产业项目策划书的编写技巧

一、文化产业项目策划书的编写步骤

(一)项目策划书的框架构建

构建文化产业项目策划书的框架,就是要在项目策划书正式编写之前,将项目的整体构想、前因后果通过图表(因果关系图、拓扑图等)、提纲表现出

来。项目策划书的基本框架一般包括项目的环境因素、核心问题、解决思路等部分,也可包括项目的功能定位、产品方案、建设规模、工艺方案、人员与设备供应、空间布局、项目实施进度安排和辅助生产条件的确定等。

(二)项目策划书的资料整合

在进行项目策划书的编写前,编写者要多方收集各种资料、汇集信息,要对收集来的资料进行整理、分类、筛选,按照文化产业项目策划书的框架顺序进行分类排序。收集、整理资料对于编写文化产业项目策划书十分重要,直接影响了策划书的质量。在策划书编写过程中,要持续开展资料的收集、整理。也可根据新材料,及时调整策划书的内容、结构和观点。

(三)项目策划书的版面设计

在项目策划书的版面设计中,要注意下列事项。
(1)确定版面的大小。
(2)确定每页标题、文本、图片、页码的位置。
(3)目录的设计及排列。
(4)正文要综合运用图片、插图、图表、曲线图及统计表等,并附以文字说明,使策划书的内容更加形象直观。
(5)优化策划书每一页的视觉设计,可使用识别符号等手段提升页面美感。
(6)标题可分为主标题、副标题、标题解说等,通过简练的文字,使策划书的内容和层次一目了然。

(四)项目策划书的文稿撰写

项目策划书的文稿撰写一般包括下列几个步骤。
(1)在框架的基础上列出大纲。
(2)进一步细化大纲,并列举出具体内容。
(3)检查大纲及各部分内容,并调整、确定内容。
(4)撰写环境分析结果,编制策划核心内容,即文化产业项目目标、战略、策略。

(5) 撰写策划概要。

(6) 编制策划实施计划及策划方案的项目控制措施。

(7) 补充其他部分,润色定稿。

(五)项目策划书的完善与装订

文化产业项目策划书整篇写作结束之后,需要对整个策划书内容进行复查,即对项目策划书的内容、结构、逻辑及文字进行检查与修改、完善。对策划书内容进行修改后,再通读全文,发现其中的问题并立即改正,最终呈现一份高质量、高水准的策划书。

文化产业项目策划书的写作、修改工作结束之后,就要对策划书进行装订。在装订项目策划书时要注意策划书是否要分成若干册;各章之间是否使用隔页;内含图片、图表,可使用彩色打印,以保证效果。

二、文化产业项目策划书的编写要求

一份优质的文化产业项目策划书须符合以下要求。

1. 言之有理,内容充实

文化产业项目策划书是一种说服性材料,要根据阅读者的思维习惯来选择语言风格和表达方式,层次结构要井然有序,内容表述具有较强的逻辑性。项目策划书可以根据阅读者的不同而编订出不同的版本。

2. 主旨清晰,言简意赅

文化产业项目策划书主旨清晰,简明扼要,让读者在阅读时,可以了解到该份策划是在经过充分调查研究的基础上编写出来的。策划书结构严谨,体系完备,论证严密,重点突出,读者可以快速清晰地掌握关键内容。

3. 形式多样,表现直观

为了使策划书呈现更好的效果,策划书正文要借助于图、表来辅助表达内容,如柱状图、带状图、雷达图、散点图、网状图等。图表包含大量真实的数据,可以体现策划书的权威性,使策划书更具说服力。

4. 保障监督,切实可行

文化产业项目策划书在编写出来之后,为了保证项目的稳步实施,需要制定一系列的行动准则来进行约束监督,主要是设计好三道屏障:监督保证措施、防范措施和评估措施[①]。

三、项目策划书的编写规范

文化产业项目策划书对文本的理解度、可信度、可操作性及说服力的要求特别高。因此,在撰写文化项目策划书时应该注意运用以下技巧。

1. 语言通俗易懂

文字是文化产业项目策划书最基本的表现手段,适用于对概念、状况、策略等进行说明。它是框图、图表表现手法的支柱,是数据表现及视觉图片表现的补充。在撰写策划书时,应避免使用令人难以理解的措辞,要使用通俗易懂的文字、词汇,避免口语化,句式以短句为主,少用从句。

2. 论证严密充分

提高文化产业项目策划书的可信度,以更好地说服阅读者,必须要进行充分论证。一是依据要可靠,理论依据可以是专家学者的代表性观点,各项数据来源要可靠、真实。二是案例典型。在策划书中适当加入一些成功与失败的典型案例,以印证策划书中所提出的观点。

3. 版面简洁优美

策划书视觉效果在一定程度上影响着策划书的现实效果。有效利用版面设计也是策划书编制的技巧之一。策划书的版面设计宜简洁、优美,富有艺术性,根据阅读者群体的审美特征作有针对性的设计,以便使阅读者从视觉上接受策划书。

四、失败及成功策划书的特征

根据以上分析,我们结合实践案例,可以得出以下结论。

---

① 张立波:《文化产业项目策划与管理》,北京:北京大学出版社,2013年,第83页。

1. 失败策划书的特征

(1)缺乏创意和创新,提出的策划比较平庸。

(2)缺乏充分的市场调查,可行性不强,在现实生活中不具备可操作性。

(3)策划书以自我为中心,完全从策划者自身利益的角度看问题,不关心委托方的利益和要求。

(4)策划书不具有较强的说服力,引用的论据不充分。

(5)内容冗长杂糅。

(6)缺乏逻辑性和条理性。

(7)文字表达生硬、僵化。

2. 成功策划书的特征

(1)读者快速浏览就能了解策划书的基本内容、主要观点。

(2)策划书充分体现了委托方的利益诉求和要求。

(3)与同类策划书相比,封面、排版有相当强的美学优势。

(4)策划书图文并茂,表达效果强。

(5)全文条理清楚,逻辑分明。

(6)策划书能充分体现出企业的独特文化和勃勃生机。

总之,文化产业项目策划书重在策划,是将理想落实到实践中的方案,它要求具备说服力、可信度和操作性。在撰写项目策划书时,要审慎使用语言,合理运用图表,采取真实数据,使之内容充实、观点可信,且用优美的版面设计获得阅读者的认可与欣赏。

文化产业项目策划书案例分析

"爨(cuàn)"是姓氏,也是古地域名。"爨"文化是东晋至唐天宝七载这四百多年间爨氏统治云南时所创造的历史文明,是以爨氏为代表的南中大姓和区域内各族人民共同创造的灿烂的古代文化。"爨乡古乐"是以"爨"文化的发展历程为背景,以云南曲靖洞经音乐为主要形式的独具地方特色的古老乐种。由于其优美动听且历史文化氛围颇浓,"爨乡古乐"吸引了不少外地人慕名而来。南燕所作的《以"爨乡古乐"为主题的云南古文化创意体验产业园及周边产业群项目策划》[①],开篇详细介绍了项目的历史渊源、地理特色、文化底蕴和开发的契机。在项目目标部分,作者视野宽阔,且具前瞻性。作者依托云南曲靖的爨乡古乐、文字文化、农业文化、山水文化等核心资源,意在将该项目打造成以旅游引领的第一、二、三产业联动的复合化项目。在项目基本流程部分,作者以时间为线索,列举了各产业的开业步骤。在商业模式部分,作者在该项目的全产业链基础上,阐述了盈利方案。在最后一部分风险及对策中,作者列举了项目开发的各种不利情况、发生的概率和危害程度、并提出了相应对策。

该策划基于200万年元谋人类文明传承的历史传承、文化底蕴,紧紧围绕云南曲靖的地理、文化和当下的经济政策等各方面的发展机遇进行宏观环境分析,制定了切实可行的项目目标、战略和策略,并就项目实施拟定了基本流程。该项目围绕滇东文化的代表之一"爨乡古乐",结合现代商业形态,打造以"爨乡古乐"为主题的云南古文化创意体验产业园,拟定商业开发模式,论证较为充分,说服力强。但在呈现方式上相对单调,如能充分使用图片、图表进行论述,"爨乡古乐"的具体形象将会更加鲜明,项目策划的可信度会更高。

思考练习题:

1. 以爨乡古乐项目策划为例,分析其文案的写作技巧。
2. 为家乡某文化旅游开发项目写一则策划方案。

---

① 南燕:《以爨乡古乐为主题的云南古文化创意体验产业园及周边产业群项目策划》,载《文化遗产》,2019年第9期,第142~144页。

第九章 金句写作

文化产业具有文化传承、传播的导引功能,关系社会的文明、进步,体现国家的软实力。这种软实力在某种程度上是通过文字表达出来的。文字表达思想,传递情感,能够直击人们的内心,发人深省。我们发现,一些经典电影或者书籍中,总有一两句戳中读者内心的金句,给人留下深刻印象。这些金句往往短小精悍,读起来朗朗上口,给人带来强烈的情感共鸣。文化产业公司宣发部门可以利用金句对文化产品进行宣传推广,此举不仅可以加深人们的记忆,还可以提升文化产品的档次。由此可见,我们在发展文化产业的过程中,不能忽视金句的力量。

第一节 金句概述

一、定义

金句,顾名思义,指像黄金一样贵重的语句。在中国语言文化中,把黄金与语言作比较的历史非常悠久。先人把富有哲理并能对人有所裨益的句子称作"金玉良言"。金句又可以被理解成"精句",是信息密度极大的句子,言有尽而意无穷,即句子所使用的语言高度精练,内涵丰富深厚。总的来说,金句是指语言短小精悍、辞藻精美、内容含金量高、有极高的审美价值,并能产生重要的经济价值和社会价值的语句。

金句能够在全文中起到画龙点睛的作用。几乎每篇优秀的文章,都会有

第九章　金句写作

金句的存在。一些文章,时间长了,读者可能记不住全文的内容,却能牢牢记住其中的金句。

金句的本质就是强有力(powerful)的观点(point)。它用短句的形式强化观点,让观点的表达更加有力,并能得到读者的共鸣。用公式来表达,即金句＝内容的总结＋有节奏的语言＋引发情感共鸣。

二、功能

金句广泛存在于政治、经济、文化生活领域,它不限于作者的学识、能力。一个德高望重的人可以创造金句,一个普通平凡的人也可以。只是鉴于二者的影响力及传播渠道不同,其金句传播范围不同。但无论如何,我们都要努力创造、使用或引用金句。

其一,金句能提升文章格调,拔高立意、主旨。借助于金句,文章能达到一个更高的档次。

其二,金句能适当地掩盖、修饰新手们平淡、生涩的文笔,并能强化各段落的主旨表达,帮助读者清晰精准地解读文章。

其三,金句像催化剂,在适当的时候,能缓解读者的阅读疲劳,促使读者尽可能完整地读完文章。

其四,金句能使文章产生亮点,使文章脱颖而出,使读者记忆深刻。

金句的主要作用就是强化自己的观点,引导读者接受自己的观点,认同自己的文章结论,甚至金句在某种程度上还能起到循环论证的作用。

第二节　金句写作过程

金句写作要求作者首先要有自己的独立思考,随后整合出精悍有力的语言表达自己的观点,给读者以冲击,引发关注。

1. 建立金句库

我们不能写出金句,原因之一在于我们自身的积累不够。

积累的关键就在于日常有目的地进行阅读记录和归类。平时看到精妙的句子,甚至是广告文案,都可以随手记录下来作为自己模仿的素材和灵感的来源。

我们可能看过很多金句,但往往是看过就看过了,对于金句本身并没有进行认真的思考和分析,这样的阅读实际上是低效的。金句会给人留下深刻的印象,但如果没有对其进行收集整理,则可能会逐渐被遗忘。学生时代很多人喜欢用笔记本收集一些金句,这是非常有效的积累方式。现在互联网给我们收集金句提供了更便捷的渠道,我们可以用纸质的笔记本或电子记事本进行记录,并定期"反刍"记录下来的东西,这对我们的金句写作非常有帮助。

2. 归纳总结

当下有很多专门汇聚金句的地方,比如句子迷、鲸打卡日签页、I 排版等网站。我们欣赏金句,感受金句,体验金句,分析金句,经常思考将这些金句用于什么地方什么场景,这样能够提升自己的写作水平。我们可以通过挖掘金句的故事,了解金句形成的前因后果。每一个金句往往是一个观点,那么这个观点是否靠得住,即其所有反向的论证及论据是否扎实,也是我们需要思考的。

3. 尝试仿写

在收集金句的同时,也要注意观察和学习,并仿写金句。

(1)将你所看到的金句进行分类。有意识地根据它的创作过程或者结构进行分门别类。

(2)根据不同的结构进行练习。根据不同的句式、不同的应用场景进行仿写,可以使用关键词替代法进行金句仿写。

(3)有了基础以后,进一步开拓创新,"开发"出自己的金句来。学会从别人的金句之中寻找套路,进行仿写练习。

4. 提炼观点

写下你想要表达的观点,这个观点可能是一个很长的句子,但这个观点要能够吸引读者,引起读者的共鸣,或者引发读者的某种情绪。

5. 精简句子

提炼你的观点,让它变成一个或几个短小精悍的句子。

6. 运用语言技巧

可以尝试运用转折、押韵、重复等语言技巧,重新组织句子。

7. 调整优化

其实,好句子都是改出来的。金句第一稿往往都不完美,但随着不断优化和调整,句子会越来越趋于完美,从而最终形成触动读者内心、引发人们点赞和传播的金句。

第三节　金句写作技巧

一、押韵、对仗

中国人对押韵很执着,古代的诗词、现代的歌词都讲究对仗工整、押韵合仄。也正是因为押韵,这些句子才能快速地让人记住。当下,押韵和对仗同样是非常重要的语言技巧,常表现为字数、结构均衡;韵母、平仄一致。该如何使用这个技巧呢?首先,我们需要把想要表达的观点写下来,找出句子中的核心词。其次,通过这个核心词,在网络上或是词典中查找那些与之发音相同的词语,或是找与核心词最后一个字相同的词语。最后,通过联想,把找到的这些词语,根据前文的观点,再组成一个句子。句子要注意字数和韵律,形成对仗。

文案,也是一样。文案写作中最常见的是押尾韵,即两句话的最后一个字同音或韵母相同。比如"别把酒留在杯里,别把话放在心里"(某白酒品牌父亲节文案),"吃都吃得没滋没味,怎能活得有滋有味"(某公众号点评)。这两句文案都使用了押韵的技巧,简单的文字就显得美妙了许多。

念念不忘,必有回响。(《晚晴集》)

越过山丘,才发现无人等候;喋喋不休,再也唤不回温柔。(《山丘》)

二、比喻、类比

写作中使用好修辞手法,可以生动形象地表达观点,让我们的观点更加具体,更加形象。利用比喻、类比技巧写就的金句非常多,也比较常见。

干货是脱了水的知识,你要做的是将它放之四海。(某款 APP 广告)

记忆是一趟旅行,我们一同上车,却在不同的时间下车,但是,记忆永远都在。(某品牌 U 盘广告)

比喻、类比的奇妙之处就在于,可以用大家熟悉的事物具象化地展示产品或产品带来的美好体验,更加准确地让读者了解文案传达的观点。

三、拟人

拟人是给事物赋予人格,把事物人格化,将事物变得和人一样具有动作、感情,这是很多写作者的常用手段。

三毫米的旅程,一颗葡萄要走十年。(某品牌葡萄酒广告)

"三毫米"和"十年"两个词形成强烈对比,表面上诉说的是葡萄的不易,实际上彰显了公司的匠心文化。

四、拟物

拟物有三种情况:把人当作物;把 A 物当作 B 物;把抽象概念具体化为某物。

家,是我们一辈子的馋。(2018 春晚公益广告《家香家乡》)

我们那些共同的记忆,是最好的下酒菜。(某品牌白酒广告)

五、转折

一个自带神转折或与生活常识相"背离"的文案,有助于引发读者的好奇

心,也让文案更有冲击力和感染力。通常来说,这类金句常常可以分为前后两部分。前半部分常常是读者熟悉的部分,这部分的内容往往容易吸引读者的注意力,引发其共鸣;后半部分则是转折的部分,让读者恍然大悟,眼前一亮。前面部分的铺垫和渲染,故意让读者产生误会,以为作者说的是事情 A,后面再来一个大的转折,说出一个与事件 B 相关、但与 A 相"背离"的独特的观点。这也就是我们常常说的情理之中、意料之外。刻意说反话,从矛盾处着手,给受众意想不到的感受。把具有明显差异和对立的双方安排在一起,进行对照比较,加强文章的艺术效果和感染力。

众里寻他千百度,你要几度就几度。(某品牌冰箱广告文案)

四大皆空——无色、无味、无菌、无尘。(某品牌矿泉水广告)

在车里哭完,笑着走进办公室——(某互联网企业宣传文案)

六、非固定搭配

把不同领域的词语进行组合、搭配,也可能产生特异的文案效果。

不知道诊所。(某网站广告文案)

菜市场遇见经济学。(某网站的新闻标题)

七、排比

把结构相似、意思相关、语气一致的句子成串排列,构成排比句,可达到加强语气的效果。

种下一棵树,收获一片绿荫;献出一份爱心,托起一份希望。(希望工程公益广告)

"把传统的变成现代的,把经典的变成流行的,把学术的变成大众的,把民族的变成世界的……"(《后浪》宣传片台词)

人民有信仰,国家有力量,民族有希望(《人民日报》社论)

八、对比

对比法可以说是文案写作中最实用的方法之一,它可以让两者之间形成强烈反差,突出你想表达的观点。这种方法也被广泛应用在很多的金句写作当中。

前后两句话,前一句选出一个核心词,后一句就用这个核心词的反义词造句,形成反差,进而形成对比。简单地说,找出两个意思相反的词语,然后造句子。而对比的词语要有差异性,有冲击力,才能够让人印象深刻。

我们提到的对比,是指把具有明显差异、矛盾和对立的双方安排在一起,进行对照比较的表现手法。用来进行对比的两者,要在某个地方有突出的差异,这样的比较才更有冲击力。电影《后会无期》中有句台词"小孩才分对错,大人只看利弊",将小孩与大人作对比,小孩的世界单纯得非黑即白,大人的世界则复杂多。正是这样的对比,给我们带来的冲击会更强烈,写作者想要表达的思想就会更容易被理解。

越大越觉得,还是小的时候好。(某袖珍手机广告)

爱你可以不留余地,但家里最好不要太挤。(某房地产广告文案)

故乡眼中的娇子,不该是城市的游子。(某房地产广告文案)

九、重复

重复有两种常见的形式:一是重复头部,一是重复结尾。

1. 句尾重复

常常有两个短句,前一个短句的尾部和后一句的尾部形成重复,读起来朗朗上口,带有一定的节奏感。比如,"我走过最长的路,就是我妈的套路"。

2. 顶真

上一句的结尾和下一句的开头使用相同的字或词,第一个短句的结尾和后一个短句的开头形成重复。比如,"军书十二卷,卷卷有爷名"。

3. 反复

金句文案经常用到反复的修辞手法。那么何为反复?简单来说,反复就是在句子中重复使用某些词语,可以起到突出强调的作用。

懂你说的,懂你没说的。(某汽车品牌广告)

他忘记了很多事情,但他从未忘记爱你。(公益广告)

不是害怕离开,而是害怕再也回不来。(某品牌白酒广告文案)

十、一语双关

一语双关指一句话可以包含多重含义,该技巧可带来意义映射的效果。

东边日出西边雨,道是无晴却有晴。(刘禹锡《竹枝词》)

十一、夸张

夸张所达到的效果,足以用来吸引读者的注意。

让快乐张开翅膀,看梦想瞬间绽放。(《梦想中国》节目广告)

为了使地毯没有洞,也为了使您肺部没有洞,请不要吸烟。(某公共场所禁烟广告)

十二、熟语改编

改编读者所熟知的经典诗词、名人名言、谚语、俗语、网络热词等,也可以创造金句。前一句是耳熟能详的句子,后一句是自己改写的句子。前后两个短句对比,就容易形成巨大反差,造成既熟悉又陌生的审美效果,令读者印象深刻。丰田汽车的那句"车到山前必有路,有路必有丰田车",前一句利用了俗语,后一句巧妙推广了商品,让读者过目不忘。

除了知识,什么都不要带走;除了成长,什么都不要留下。(某图书馆标语)

默默无"蚊"。(某除蚊产品广告)

"臭"名远扬,"香"飘万里。(臭豆腐广告)

十三、谐音

谐音技巧可能是初级文案最常用的技巧,用同音字或近音字来代替原来的字,产生辞趣的修辞格。谐音技巧使用得好的话,文案显得清新活泼。

箭牌口香糖，一"箭"如故，一"箭"钟情。（箭牌口香糖）

六神"有"主，一家无忧。（六神特效花露水）

十四、反义词

在金句写作中使用一组反义词，形成强烈的对比以形成语言张力，句子就容易让人记住。

如果你爱一个人，就送他去纽约，因为那里是天堂；如果你恨一个人，那就送他去纽约，因为那里是地狱。（《北京人在纽约》台词）

人生近看是悲剧，远看是喜剧。（喜剧之王卓别林语）

看似无意义的事，竟是有意义的。（作家铃木语）

金句写作案例分析

手机行业内的文案高手,围绕手机产品创新,为用户表达、发声到营销推广,创造出诸多深入人心的金句,为推广企业文化作出了巨大贡献。

一、手机广告金句

横空出世的小米在广告宣传语方面创意十足,带来了诸如"永远相信美好的事情即将发生""年轻人的第一台××""小米为发烧而生"等耳熟能详的广告语。其他手机品牌的文案也是金句迭出。

(1)"小米手机——为发烧而生。"这句话深刻诠释了小米手机深得消费者欢迎的原因。

(2)"永远相信美好的事情即将发生。"2013年,小米发布另一个系列的产品红米。这句发布时的宣传语,表达了人们对美好事物的向往。

(3)"OPPO手机——充电五分钟,通话两小时。",从这则广告发布开始,OPPO的快充技术闻名于大江南北。

(4)"波导手机——手机中的战斗机。"波导手机虽已成为过往,但是这句经典的广告语,永远地留在了消费者心中。

(5)"无所谓没有阳光,前行的你就是焦点;无所谓身边是谁,相信自己就是主角;无所谓有没有背景,因为你就是风景。vivo X9前置2000万柔光双摄,照亮你的美。"vivo手机广告文案抓住了客户独立、自信、爱美的心理需求,赢得了客户的青睐。

从这些文案中可以看出,手机行业广告文案简洁,金句迭出,是初学者模仿的典范。

二、手机金句文案特征

1. 强调产品特点

一则文案,只强调产品的一个特点,可以有效地将最有价值的信息传达给消费者,使消费者的印象更加深刻。在写文案时,不要一股脑地把产品的特点全写出来,这容易使受众印象模糊。

2. 使用关键词

从这一系列文案中我们可以看到,每则文案都有两到三个关键词,例如"发烧""改变""双摄"等。这些词营造了各种场景,直击消费者内心,引发共鸣。

写金句,需要立足于产品战略和产品特性,针对客户的实际需求,精心撰写文案,通过使用语言技巧,达到言简意赅、语谈情深的效果,激发受众产生消费行动,以实现文案的变现能力。

思考练习题:

1. 列举你喜欢的金句案例,并指出其使用的修辞手法。
2. 现代科技如大数据技术的发展对金句写作会产生哪些影响?
3. 如何创作金句?

参考文献

[1]郑建鹏、张小平:《广告创意与文案》,北京:中国传媒大学出版社,2011年。

[2]郭有献编:《广告文案写作教程(第3版)》,北京:中国人民大学出版社,2015年。

[3]初广志:《广告文案写作(第2版)》,北京:高等教育出版社,2011年。

[4][英]罗布·鲍德里:《广告文案写作》,北京:中国青年出版社,2013年。

[5][美]迈克·史密斯:《锁定网络广告如何快速定位客户并精准营销》,北京:机械工业出版社,2017年。

[6]陈培爱:《广告学概论(第三版)》,北京:高等教育出版社,2014年。

[7][美]威廉·阿伦斯:《当代广告学》,北京:人民邮电出版社,2010年。

[8]朱海松:《移动互联网时代国际4A广告公司基本操作流程》,北京:人民邮电出版社,2015年。

[9]吴海浩:《广告文案写作教程》,杭州:浙江大学出版社,2013年。

[10]崔银河:《广告文案写作》,北京:中国传媒大学出版社,2012年。

[11]袁小春:《广告文案写作中修辞技巧分析》,载《传播力研究》,2018年第26期。

[12]滕金芳:《商业广告文案的写作技巧》,载《商场现代化》,2007年第26期。

[13]乐剑锋:《广告文案——文案人的自我修炼》,北京:中信出版社,2016年。

[14]陈叶:《广告文案》,合肥:合肥工业大学出版社,2009年。

[15]杨效宏:《现代广告文案》,成都:四川大学出版社,2003年。

[16]刘西平、黄小琴:《广告文案写作》,广州:暨南大学出版社,2007年。

[17]袁安府等编著:《现代广告学导论》,杭州:浙江大学出版社,2007年。

[18]邬晓光、张晓主编:《广告文案写作》,北京市:机械工业出版社,2020年。

[19]迟双明:《广告文案创作50法和精彩实例》,北京:中国国际广播出版社,2004年。

[20]王伟明:《广告学导论》,上海:上海交通大学出版社,2009年。

[21]白冰茜:《自媒体的发展研究》,载《新媒体研究》,2018年第46期。

[22]曹锐:《自媒体的分类及特征初探》,载《视听》,2017年第10期。

[23]张消夏:《时政类微信公众号"热文"的内容特征研究》,贵州民族大学,2018年。

[24]荀亚茹:《情感类自媒体内容生产研究》,黑龙江大学,2018年。

[25]王倩、张浩:《自媒体营销策略研究——以微信公众号为例》,载《重庆科技学院学报(社会科学版)》,2019年第3期。

[26]龙平:《自媒体时代浅析播客传播的社会娱乐功能》,载《中国地市报人》,2012年第9期。

[27]陈鹏、张笑:《浅析自媒体内容创作的艺术特征》,载《戏剧之家》,2019年第12期。

[28]尚尔鹏:《报纸"软文"的话语分析》,吉林大学,2008年。

[29]百度百科:《软文的类型》,https://baike.baidu.com/minilemma/%E8%BD%AF%E6%96%87/1777229/223705099?bk_share=shoubai&b。

[30]知乎:《一篇软文成功的要素有哪些?》,https://www.zhihu.com/question/21481205/answer/778792394?hb_wx_block=1%EF%BC%89.

[31]代夏:《网络软文传播机制与效应研究》,陕西师范大学,2013年。

[32]王芳:《自媒体软文的传播策略探析》,浙江传媒学院,2017年。

[33]王永春:《自媒体时代软文的类型及叙事策略》,载《应用写作》,2016年第9期。

[34]余人、周洁:《新媒体环境下软文广告的发展与监管》,载《编辑学刊》,2019年第1期。

[35]杜漪、金艳梅:《对我国网络软文营销的研究》,载《中国商贸》,2010年第14期.

[36]胡小英:《企业软文营销》,北京:中国华侨出版社,2015年。

[37]刘仕杰:《软文营销10万＋文案创意人的实战心法》,武汉:华中科技大学出版社,2018年。

[38]郝川:《软文营销实战方法·案例·问题》,北京:北京理工大学出版社,2016年。

[39]邓新民:《自媒体:新媒体发展的最新阶段及其特点》,载《探索》,2006年第2期。

[40]喻国民:《全民DIY:第三代网络盈利模式》,载《新闻与传播(人大复印报刊资料)》,2006年第2期。

[41]周晓虹:《自媒体时代:从传播到互播的转变》,载《新闻界》,2011年第4期。

[42]潘祥辉:《对自媒体革命的媒介社会学解读》,载《当代传播》,2011年第6期。

[43]申金霞:《自媒体的信息传播特点探析》,载《今传媒》2012年第9期。

[44]彭兰:《网络传播概论》,北京:中国人民大学出版社,2000年。

[45]代玉梅:《自媒体的传播学解读》,载《新闻与传播研究》,2011年第5期。

[46]单昕:《自媒体写作与当代文学生态的嬗变——以张嘉佳的"睡前故事"为例》,载《当代文坛》,2017年第4期。

[47]潘一凡:《众媒时代:多元的媒介新生态》,新闻大学.2017(3).

[48]施龙:《自媒体写作的概念、特征及愿景——以读者为视角的分析》,当代作家评论.2020(5).

[49]高红梅:《自媒体传播语境下故事性广告写作的框架——基于微信公众号"咪蒙"的广告文章研究》,载《西部广播电视》,2017年第5期。

[50]郑柏桧:《个人微信公众号标题的特征及写作策略——以"咪蒙"为例》,载《传播与版权》,2016年第4期。

[51]刘悦等:《从微信爆款文章看自媒体创新写作途径》,载《西部广播电视》,2018年第21期。

[52]覃晓玲:《中国电影生态系统中的后产业链发展战略——以入世以来的中国电影为例》,载《电影文学》,2014年第15期。

[53]王广振、王新娟:《互联网电影企业:产业融合与电影产业链优化》,载《东岳论丛》,2015年第2期。

[54]傅德岷、韦济木、郑江义等:《写作基础教程(第6版)》,重庆:重庆大学出版社,2018年。

[55]尹家美:《中国电影剧本优化研究》,东北师范大学,2018年。

[56]张艺谋:《开放外片配额未来无法预测》,金融界博客,2012年。

[57]李常庆、魏本貌:《日本动漫产业探析》,载《出版科学》,2010年第4期。

[58]姜莉:《从腾讯首届动漫脚本选秀大赛看国产动漫中脚本创作的可行性方向》,载《群文天地》,2012年第2期。

[59]高思:《动画剧本创作(第二版)》,北京:清华大学出版社,2013年。

[60]陈放:《"哪吒传说"的创造性转化研究》,华中师范大学,2020年。

[61]郑影:《动画电影〈哪吒之魔童降世〉叙事策略研究》,江西师范大学,2020年。

[62]许静涛:《调查报告的写作技巧》,载《江西教育》,2009年第z5期。

[63]许贻斌:《调查报告写作技巧谈》,载《哈尔滨职业技术学院学报》,2011年第3期。

[64]荣海平:《大学生消费现状调查报告》,载《商业经济》,2017年第9期。

[65]陶毅勋等:《当前大学生群体消费倾向调查报告》,载《现代商贸工业》,2020年第20期。

[66]邱远望:《广西高校校园戏剧教育普及的调查报告》,载《戏剧之家》,2020年第34期。

[67]赵易等:《关于河北省居民文化产业消费习惯的调查报告》,载《现代商业》,2012年第30期。

[68]张俏梅等:《基于陶瓷创意集市的景德镇创意产业的田野调查》,载《科技视界》,2016年第26期。

[69]李娟:《高职院校资助育人工作现状研究调查报告——以南京江宁大学城高职院校为例》,湖北开放职业学院学报,2020(22).

[70]杨旭、卢毅、唐俊:《四川民营企业疫后恢复跟踪调查报告》,载《决策咨询》,2020年第4期。

[71]张立:《淄博市金融支持文化产业状况调查报告》,载《金融视线》,2015年第4期。

[72]苏华:《衡水地区音乐文化产业发展情况的调查报告》,载《山西青年》,2016年第4期。

[73]崔岩:《文化产业项目可行性研究报告》,北京:中国文化产业出版社,2011年。

[74]王来福:《如何编制投资项目可行性研究报告》,载《工程建设与设计》,2001年第5期。

[75]何祖武:《提高政府投资项目可行性研究报告质量的措施研究》,山东大学,2010年。

[76]联合国工业发展组织编:《工业可行性项目研究编制手册》,北京:中国财经出版社,1991年。

[77]北京博思远略咨询有限公司:《〈项目可行性研究报告〉编制参考指导手册》,2012年。

[78]陆耿:《文化产业项目策划与实务》,合肥:中国科学技术大学出版社,2013年。

[79]唐建军:《文化产业项目管理》,福州:福建人民出版社,2017年。

[80]赵晶媛:《文化产业与管理》,北京:清华大学出版社,2016年。

[81]张立波:《文化产业项目策划与管理》,北京:北京大学出版社,2013年。

[82]南燕:《以"爨乡古乐"为主题的云南古文化创意体验产业园及周边产业群项目策划》,载《文物鉴定与鉴赏》,2019年第18期。

后　记

　　文化项目文案写作训练是文化产业管理专业的核心课程，文化产业管理专业已在多所高校开设多年。三年前，我承担此课程任务时，没有教材可用，只好着手编制讲义。数易其稿后，这篇讲义最终交给了安徽大学出版社进行出版。

　　对于我来说，文化项目文案写作训练是一个陌生而又熟悉的领域。陌生指专业的区隔，本人的研究方向为中国现当代文学，而管理专业写作类课程属于广义上的应用写作范畴。熟悉是相对于三年的教学而言的。三年来，与文化产业管理专业学生一道教学相长，我对课程的教学目标、教学内容和教学方式有了更清晰的认知。

　　因为这份特殊性，本书在编写上呈现出以下几个特点。一是初创性。本书是该课程的第一本教材，解决了该课程没有教材的突出问题。二是专业性。本书适用于文化产业管理专业，在目标、内容和体例方面，充分考虑了专业人才培养方案和课程教学大纲的统一要求。三是准确性。本书充分利用现有的资料，对专业相关概念、术语进行了学理上的分析确认，明确其内涵外延，判定其功能、价值，初步构建了文化项目文案写作训练课程的逻辑体系、知识体系。

　　本教材毕竟为初创，难免存在系统性、完整性、科学性不足的问题，我需要为此感到内疚之外，还要代表本书编委向对本书有贡献的专家、学者和相关人士表达深深的敬意和歉意。本书的材料来源广泛，包括各网站、论坛、文献库。虽严格遵守"凡引用，必作注"的学术底线，但不免挂一漏万，如有此方面的问题，烦请各位专家联系我们，在再版时，我们将作更为全面的补充。

　　本书由学校资助编写和出版，目的是为该课程提供基本的教学参考，如果涉及知识产权方面的问题,请联系我们,我们将依法依规办理。

当然,还要感谢亳州学院2016级文化产业管理专业的每一名同学,我们共同面对没有教材的现实,积极认领资料收集、整理任务,出色地完成初稿的写作任务。感谢2017级文化产业管理专业的同学,他们利用一个学期的时间,以项目为引领,完成了本书初稿资料收集任务。

感谢中文与传媒系张大勇书记、谢启平主任对本书编写的关心。本书的编写是在繁杂的教学、行政工作之余完成的。刘小旭老师、李国宇老师放弃了休假、休息,加班加点地进行反复校对、润色、修改,以致最终定稿。刘小旭老师的贡献尤其突出,作为团队中唯一一名科班出身的编委,他以其深厚的专业素养和研究功底,对全书的体系、架构进行了多次调整,并对第四章、第五章、第九章具体内容进行了反复修改,其敬业精神、专业素养令人钦佩。

感谢安徽大学出版社的杨洁经理和刘婷婷编辑,本书从选题到定稿、出版,离不开她们的督促和精心指导,在此表示衷心的谢意!